희망의 끈을 찾아서

희망_의 끈_을 찾아서

지은이 | 강덕영
펴낸이 | 김원중

기　　획 | 허석기
편　　집 | 김주화, 심성경
디 자 인 | 박선경, 안은희
제　　작 | 김영균
관　　리 | 차정심
마 케 팅 | 박혜경

초판인쇄 | 2016년 8월 26일
초판발행 | 2016년 9월 01일

출판등록 | 제313-2007-000172(2007. 08. 29)

펴낸곳 | 상상예찬 주식회사
　　　　　도서출판 상상나무
주　　소 | 경기도 고양시 행주산성로 5-10
전　　화 | (031) 973-5191
팩　　스 | (031) 973-5020
홈페이지 | http://www.smbooks.com

ISBN　979-11-86172-32-2 (03230)

값 10,000원

국민일보 미션라이프 인기연재칼럼

희망의 끈을 찾아서

강덕영 지음

상상나무

삶과 신앙에서 성공하는 크리스천

언제부터가 나는 휴일이 되면 푹 쉬기보다는 마음속에서 신앙칼럼을 써야 한다는 거룩한 부담감을 느끼며 지내고 있다. 그것은 벌써 국민일보에 신앙칼럼을 쓴지 6년이 훌쩍 넘었고 고정 독자들도 제법 생겨남에 따라 2주만 원고가 올라가지 않아도 독촉전화를 받기 때문이다.

그래서 한 주일간 바쁘게 지내온 시간을 되새겨 보면서 '크리스천으로서의 가장 가치 있는 삶이란 과연 무엇일까?' 란 큰 명제를 진지하게 생각하며 칼럼 주제를 찾곤 한다. 마침 좋은 주제가 떠오르거나 그 주간에 특별한 사건이 있으면 이를 신앙으로 연결해 순순히 써 내려 가지만 그렇지 못하면 몇 시간이고 고민하는 것이 생활의 한 부분이 되었다.

이 땅에 참 많은 크리스천들이 있고 또 교회를 다니며 신앙생활을 하고 있다. 연약한 인간은 하나님의 피조물로서 하나님의 뜻에 맞게 사는 것이 행복이자 진리라고 생각한다. 아무리 잘났다고 어깨에 힘을 주는 인간도 주님의 뜻에 어긋난 삶은 실패한 삶이라고 보는 것이다.

따라서 나는 신앙인으로 어떻게 생각하고, 느끼고 또 판단하고 살아야 하는지를 주제로 항상 글을 쓴다. 나 역시도 신앙적으로 많이 부족하다고 느끼기에 이에 대한 질문의 답을 찾으려고 이 신앙칼럼을 꾸준히 쓰고 있는 셈이다.

그런데 이 글들이 국민일보 장수칼럼으로 자리를 잡아 이미 연재된 내용으로만 3권의 칼럼집이 이미 발간됐고, 이번이 4번째 책이 되었다. 참으로 감사하고 부족한 글이지만 문서선교에 동참할 수 있음을 기쁘게 여기지 않을 수 없다. 더 열심히 써야겠다고 다짐하며 하나님께 영광을 돌리고 싶다.

요즘 급박하게 돌아가는 지구촌을 보며 크리스천으로서 맡겨진 사명에 최선을 다해야 한다는 것을 느끼게 된다. 끝으로 책 제작에 수고한 상상나무 김원중 사장과 편집진 여러분, 또 일러스트를 맡아주신 조대현 목사님께 감사를 드린다.

2016년 8월 22일 강덕영장로

2부 복된 삶을 살기 위한 조건

목 차

3부 진정한 승리의 의미를 발견하자

4부 성경적 가치관을 정립하자

1

소명을 찾고 나아가자

————————————

어제의 나는 오늘의 나와 다르다. 미래의 나를 생각하면
서 경건과 말씀을 놓치지 말아야 한다. 이를 놓치면 결국
아멘 교인이 된다는 것을 알리고 싶다.

————————————

거룩한 산 제물로 드리라

어느 날 목회자 한 분이 젊은 사업가라는 청년과 함께 사무실로 찾아 왔다. 청년은 조그마한 사업을 한다는 초신자인데, 어떻게 신앙생활과 사업을 병행해야 하는지를 몰라 자문을 받고자 찾아 왔다고 했다.

그래서 나는 "신앙생활과 사업을 병행하는 데 어떤 큰 어려움이 있느냐"고 물었다. 그러자 그 청년은 우선 사업을 하자면 거래선과 술자리를 갖게 되는 일이 많은데 그게 무척 힘들다고 했고, 담배도 당장은 끊지 못하고 있다고 했다.

나는 쉽게 이야기했다. 술과 담배 문제는 목사님들이 아주 중하게 이야기하지만, 사실 그것은 성경에서 금하고 있는 것은 아니다. 성경은 독주를 금하고 술은 취하지 말라고 말씀하고 계시니 너무 염려 말라고 했다. 금주는 한국에 기독교가 들어오던 당시 지나친 음주문화로 인해 사회적 폐해가 크자 선교사들이 정한 교회의 규칙 정도일 뿐이라고 말해 주었다. 그리고 덧붙여 교회 생활에 익숙해지고 신앙이 자라면 술은 자연스레 먹기 싫어지고 담배도 끊게 되어 있으니 너무 걱정하지 말라고 이야기했다.

옆에 있던 목회자의 얼굴이 야릇하게 변했다. 그런데 나는 짐짓 모른 체하고 다음은 또 무엇이 문제냐고 물었다.

사업을 하면서 거래선에 접대를 하다 보면 돈을 쓰게 되는 경우가 많은데 이것이 힘들다고 했다. 나는 이것 또한 문제가 되지 않는다고 했다. 세상의 문제는 사회가 정한 법 안에서, 법을 어기지 않는 범위 내에서 해결할 문제다. 그리고 그것이 통상적인 선물의 범위 안이라면 신앙생활을 하는 데 큰 방해 요소는 되지 않을 것이라고 이야기했다.

이것은 영적으로 중대한 문제는 아니라고 말했다. 우선 신앙생활을 하게 되면 모든 것의 가이드라인은 성령 하나님이 제시해 주시고 그에 따라 인도해 주시며 보호해 주신다는 이야기를 했다.

한참 이야기를 나눈 청년은 얼굴이 환해지더니 신앙생활을 한

    희망의 끈을 찾아서

하나님이
기뻐하시는 삶

번 열심히 시작해 보겠다고 말하고 돌아갔다.

크리스천 사업가인 내 이야기가 아마 목회자께는 와 닿지 않은 모양이다. 표정이 그리 좋지 않았다. 그러나 처음으로 믿고 싶은 그 마음에 부담을 주기 싫어서 좀 쉽게 설명해 주었다. 그렇다고 성경에서 벗어난 이야기를 한 것은 아니라고 생각한다.

어느 회사의 신입 사원들이 교육 중에 회식 자리를 갖게 됐다. 같이 입사한 남자 직원과 여자 직원은 저녁 식사가 끝나고 맥주 집에서 맥주 한잔을 하던 중이었다. 남자 직원이 여자 직원에게 말했다. "나보다 세 살이나 어린데, 동기라면서 매번 나를 무시하는 말투와 태도를 보이니 기분이 나쁘다"며 태도를 고치라고 말했다.

그러자 여자 직원은 왜 나에게 명령을 하느냐고 대들었다. 남자는 화가 나서 손을 올렸다고 한다. 그러자 여자의 입에서 험한 말이 나왔다. 화가 머리끝까지 난 남자는 여자에게 잠깐 나와 보라며 자리에서 일어났다. 그러자 위협을 느낀 여자의 주먹이 남자의 배를 때렸다고 한다. 그리고 결국 남자도 손을 대어 싸움이 크게 일어났다고 한다.

다음 날, 관리자는 두 사람의 사표를 임원에게 제출했고 둘 중 누구의 사표를 받을 것이냐고 물었다. 임원은 평소 일을 잘 하고 똑똑한 여자 직원의 사표를 반려하고 남자 직원의 사표만 수리하

    희망의 끈을 찾아서

려 생각했는데, 옆에 있던 다른 임원이 한 마디 했다. "그 여직원이 담배도 피운다고 하던데요." 화들짝 놀란 임원은 "여직원이 담배도 피워? 그건 아닌데!" 라고 말했다고 한다.

요즘은 여대생들이 담배 피우는 것이 무슨 문제냐고 대수롭지 않게 여기는 시대다. 그런데 나이 든 세대는 그 정도를 아주 큰 잘못이라고 생각하는 모양이다. 결국 그 여자 직원의 사표도 수리됐다고 한다.

술과 담배가 아무 것도 아닌 평범한 일이라고 젊은 세대는 생각하지만, 정말로 중요한 시점에는 불리한 판단을 받는 게 현실이기도 하다.

성경은 "너희 몸을 하나님이 기뻐하시는 거룩한 산 제물로 드리라. 이는 너희가 드릴 영적 예배니라" 그리고 "너희는 이 세대를 본받지 말라"고 말씀하신다.

이 '거룩한 산 제물'은 우리가 사회생활을 하는 동안 하나님이 기뻐하시는 크리스천의 삶을 살라는 말씀이다. 세상의 가치관만을 따르지 말고 하나님의 온전한 뜻이 무엇인지 분별해 그대로 행하라는 말씀이다.

하나님이 기뻐하시는 삶을 살도록 노력해 보자.

약한 아버지와 성숙한 신앙인

요즘 세상에서 아버지 노릇 하기란 정말 힘들다. 자식들은 "잘못된 일은 모두 아버지 때문"이라고 이야기한다. 공부를 못하는 아들에게 "너 왜 성적이 그 모양이냐"고 하면 아버지 때문이라고 말한다. 잘된 것은 자신 덕이고 잘못된 것은 아버지 때문이란다.

요즘 젊은이들 사이에 유행하는 말이 있다. "아버지가 빌딩이라도 남겨 주어야 하는데 그렇지 못해 내가 이 모양"이라고 말하는 젊은 사람이 적지 않다고 한다. 또 어떤 친구는 조상 탓도 한다. "우리 할아버지가 말죽거리에서 농사라도 지었으면 지금쯤 나는 부자가 되었을 텐데"라고 농담을 한다.

 　　　　　　　　　　　　　　　　　　희망의 끈을 찾아서

취직하기가 쉽지 않고 신분 상승이 너무 힘들어 젊은 사람들이 푸념하는 것이 아닐까 생각한다.

그러나 아버지인들 자식들에게 좋은 것을 주고 싶지 않겠는가? 그것이 마음대로 되는 것이 아니다.

직장에서 아무리 열심히 일해도 생활비 벌기가 쉽지 않다. 나이가 들면 점점 직장 내 위치가 불안해진다. 그런데 가정에서 요구하는 사항은 많아지고 탈출구는 없다. 정말 답답하다. 열심히 살았고, 열심히 일하는데 앞이 잘 보이지 않는다며 중년층 아버지들은 한숨을 쉰다. 가정에서도 돈만 벌어 오는 기계로 전락한 기분이란다. 지갑에는 몇 만 원의 현금도 없을 때가 많다.

얼마 전 회사에서 여름 휴가비를 지급했을 때, 한 임원이 어느 통장으로 돈을 부쳤는지 내게 물었다. 왜 묻느냐고 물어보니 "잘 아시면서 그러세요….”라고 답한다. 휴가비가 급여 통장으로 들어가면 아내의 돈이 된다고 한다. 휴가비만큼은 온전히 챙겨 폼 한 번 잡아보고 싶다고 한다. 그게 요즘 아버지들의 마음이다.

약한 우리 아버지들을 너무 몰아붙이지 말자. 잘된 것은 모두 아버지 덕분이라고 말하는 자식이 정말 부럽다.

기독교 관련 방송 중 신앙간증 프로그램이 많다. 몇몇 프로그램에서 비슷한 내용의 간증을 쉽게 볼 수 있다.

"저는 교회에 열심히 나가 봉사했습니다. 주일성수 잘 하고 십일조 잘 내며 믿음 생활을 정말 열심히 했는데, 별안간 남편이 중풍으로 쓰러졌고 아이도 교통사고를 당해 입원했습니다. 그래서 하나님께 대들었죠. 내가 하나님께 무엇을 잘못했습니까? 만약 남편과 아이를 완치시켜 주지 않으신다면 이제부터 교회도 안 나가고 하나님을 믿지 않겠다 기도했더니 기적적으로 남편과 아이가 완치되어 하나님께 감사드리고 있습니다. 지금은 교회 권사로서 열심히 교회 봉사를 하고 있습니다."

이런 유형의 신앙 간증을 자주 접한다. 하나님께 구하면 주신다. 그리고 간절한 기도는 경제적인 축복도 주신다. 또한 건강의 축복도 주신다.

처음 예수님을 믿을 때, 이런 물질적 축복이나 다급한 건강 문제 때문에 믿기 시작해 병이 완치되거나 경제적 풍요를 얻고 나서 신앙생활을 잘 이어 가는 경우가 많다. 그래서 십일조보다 더 많은 십이조도 드리고, 더 큰 축복을 받는다고 생각한다. 감사헌금을 더 드리면 더 큰 복을 주신다는 믿음을 가진 성도들도 많다.

하지만 과연 이것이 신앙의 전부일까? 복 받기 위해 기도하고 "주시옵소서"라는 기도만 하는 신앙생활이 신앙의 전부라면 무언가 부족함을 느끼지 않을 수 없다.

하나님
영광

신앙
단계

진정한 축복의 의미는 우리가 그리스도를 우리의 구주로 받아들였다는 것이다. 이것이 진정한 복이다.

나에게서 물질이 떠나고 건강이 떠나고 불행한 일이 생겨도 하나님을 원망하지 않고 감사기도를 드릴 수 있는 성숙한 믿음의 단계를 원하지는 않는지, 하나님께 건강을 달라고 기도하는 단계에서 나아가 하나님의 쓰임을 받는 종으로서 목적대로 쓰임을 받기 위해 나 스스로 운동과 건강관리를 했는지 생각해 보자.

목적대로 쓰임을 받기 위해서는 영혼도 깨끗하게 준비되어 있어야 하고 육체도 건강히 잘 관리되어 있어야 한다.

내가 하나님께 "주시옵소서"라고 구하기 전에 내가 하나님이 기뻐하시는 일을 오늘도 하고 있으며 하나님의 영광을 위해 오늘도 노력하고 있다고 스스로에게 다짐하는 하루가 이어지기를 기도해 보자.

내 기도의 단계가 좀 더 높아지고, 하나님의 뜻을 찾아 하나님의 목적대로 쓰임을 받는 것에 최고의 기쁨을 누릴 수 있는 신앙 단계로 가고 싶다. 이것이 성화의 단계라고 신학자들은 정의하고 있다. 믿기만 하면 구원 받는 의화 단계의 신앙에서 좀 더 높은 곳으로 올라서는 삶을 살고 싶다.

삶이 거룩한 제사가 되고, 하나님의 영광을 위해 사는 단계까지 신앙생활을 올려보고 싶다. 참으로 힘든 단계지만 노력하면 조금은 될 것 같은 생각이 든다. 성화의 단계로 가는 성도들이 주변에 더욱 많아지기를 기도해 본다.

희망의 끈을 찾아서

얼마 전, 젊은 청년 지도자와 이야기를 나눈 적이 있다.

명문대를 나와 좋은 직장을 다니며 많은 월급을 받고 안락한 생활을 하다, 어느 날 하나님의 부르심을 받고 선교 사역을 시작한 지 10년 가까이 됐다고 한다. 비록 고난의 연속이었지만 성령께서 자신을 붙잡고 계셔서 즐거운 마음으로 그 길로 나아가고 있다고 한다.

또한 자신과 함께 일하는 청년들이 5명 정도 있는데, 다들 대기업에서 많은 급여를 받아 왔거나 해외에서 공부를 마치고 돌아온 헌신적인 젊은이들이라고 한다.

그래서 지금 그들의 월급은 누가 주느냐고 물었다. 한 달에 2백만 원 쯤 주고 있는데, 전 직장에서는 최소 5백만 원 이상 받던 청년들임에도 이곳 선교 단체에서는 즐겁게 봉사하고 있다고 한다. 가정도 있지만 한 달에 그 정도 소득이면 살 수 있다고 한다.

그 돈을 어디서 구하느냐고 물었더니 본인이 강연을 다니며 받는 강연료나 출판한 책의 인지대로 간신히 꾸려가고 있다고 한다. 그리고 몇 만 원씩 후원해주는 회원들도 있다고 한다. 모든 것은 하나님께서 원하시는 대로 쓰임 받고자 한다고 한다. 서울대학교 건축학과에 재학 중인 한 청년은 휴학을 하면서까지 봉사에 동참하겠다고 하기에, 졸업은 하고 나서 같이 봉사하자고 만류했다고 한다.

이들이 우리 대한민국의 젊은이들이다. 우리가 걱정을 하지 않아도 하나님이 좋은 싹을 키우고 계시다는 생각이 들었다.

사실 나는 교회 청년들에게 실망을 하고 있었다. 평소 강한 비트성 찬양에 취해 열광하는 청년들을 보고 '저들이 그러면 안 되는데…' 하는 생각이 들었고, 좀 더 성경 말씀에 열광하고 기도에 열중하기를 원했던 기억이 난다. 그래서 본 교회 청년들에게 간절히 이야기 했다가 일부 청년들이 담임 목사님에게 항의를 해서 물의를 일으킨 일이 생각난다.

교회 청년들이 예배를 드리기 전 CCM에 너무 오랫동안 열광하

희망의 끈을 찾아서

는 것, 지도 목사는 그들의 뒷바라지를 할 뿐 주된 메시지는 '싱어'라는 노래하는 청년이 전하며 성도들을 이끄는 것을 보면서 '이러면 안 되는데….' 하는 생각이 들었다.

교회에서는 목회자가 말씀과 기도를 중심으로 가르쳐야 한다는 생각을 갖고 있는데, 담임 목사 입장에서는 청년들을 교회에 많이 나오게 하려면 자유롭게 풀어주어야 된다고 생각하는 모양이다. 그러나 교회는 청년에게 마땅히 가르칠 것을 가르쳐야 한다. 예배 시간, CCM의 드럼 소리보다 찬송의 우렁찬 목소리가 그립다는 생각을 해 보았다.

그러던 중 이번에 만난 청년 지도자의 완전한 헌신의 삶을 접하고 나니 정말 기쁜 마음이 들었다. 그 젊은 청년들의 뜨거운 신앙이 잠깐 타오르다 금방 식지 않기를, 자신의 의무를 수행하려는 의지가 약해지거나 두려워 떨지 않기를 바란다. 우리는 성령의 검으로 마귀와 대적해야 하는데, 이 성령의 검이 바로 성경 말씀이다. 나는 그에게 말씀 배우기를 게을리 하지 말 것을 당부했다.

내가 할 일은 그들의 울타리가 되어주고 그들에게 힘과 용기를 불어넣는 것이라는 책임을 느꼈다. 우리의 생활 자체가 살아 있는 제사가 되어 하나님께 영광을 돌리는 희망의 끈들이 되기를 기도해 본다.

뱀같이 슬기롭고 비둘기같이 순결하게

　'뱀같이 슬기롭고 비둘기같이 순결하라' 는 성경 말씀을 이해하는 데에 참으로 오랜 시간이 걸렸다. 뱀은 사탄을 뜻하는데 어떻게 뱀을 높이며 슬기롭다고 말씀하실까? 신앙생활을 하면서 오랫동안 궁금해 했던 구절이다. 그리고 '과연 사탄이 슬기로울까' 하는 생각도 든다.

　이 말씀은 중동 지방에서 널리 민간에 전해 내려오는 속담 중 하나였다. 그래서 우리가 이해하기 쉽게 예화를 드신 거라고 생각한다.

　오랫동안 많은 사람을 만나고 겪어 보았다. 뱀같이 지혜로운 사람도 많이 만나 보았다. 그러나 그 심중에는 비둘기의 순결함이 없는 악한 사람이 많았다. 순결하기보다는 지혜로우면서 간교한 사람을 많이 본 것 같다.

'광명의 천사로 나타나는 사탄의 모습을 경계하라' 는 말씀도 이제는 이해가 된다. 보기에는 정말 착한 하나님의 사람 같은데, 오히려 큰 피해를 주는 사람도 상대해 보았다.

사도 바울은 특히 교회 안 지도층에서 미혹하는 사탄의 모습을 발견하고 경계하라고 말씀하신다. 교회 내에서 그리고 세상에서 영적 분별력이 없으면 미혹되기가 쉽다. 하나님께 영적 분별력을 주시기를 간구해야겠다.

오랫동안 회사를 경영하면서, 겉은 상당히 무뚝뚝하고 겁이 나는데 마음은 아주 따뜻한 사람도 만나 보았다. 비둘기같이 순결한 사람이다.

영업을 하다 보면 다양한 사람을 많이 접하게 된다. 겉은 부드러우나 속마음이 간악한 사람, 겉은 거친데 속이 따뜻한 사람. 사람은 절대로 외모로만 평가해서는 안 된다는 것을 깨달으면서 이 구절에 대한 이해를 하게 되었다.

순수한 마음만 가지고 열정적으로 전도하는 많은 성도들을 만나 보았다. 길거리에서나 직장에서나 그들은 마음만 앞서 좋은 성

희망의 끈을 찾아서

과를 내지 못하고 오히려 미움 받는 존재가 되어버리기도 한다.

얼마 전 강남구의 유나이티드문화재단 앞에서 노상 음악회를 열어 보았다. 많은 경비를 들여 좋은 음악가들을 섭외하고 좋은 취지에서 많은 일손을 동원했는데, 돌아온 것은 주변 상가 주민들의 항의와 반발이었다. 큰 소음과 교통 방해로 비난을 받으면서, 더 지혜로운 방법도 있었는데 미숙했던 것이 아닌가 하는 반성을 했다.

어떤 사람은 '비록 사람들은 비난해도 하나님은 기뻐하셨을 것'이라고 위로를 했다. 그러나 꼭 그럴까? 좀 더 지혜롭게 하는 방법은 없었을까? 우리가 전도를 할 때 열정과 믿음만 가지고 한다고 해서 그것이 과연 효과가 있을까?

지하철에서, 서울역에서 큰 소리로 전도하는 분들과 내가 무엇이 달랐을까 생각해 본다. 좀 더 뱀같이 슬기롭게 하는 방법을 왜 생각해 내지 못했을까? 순결한 마음만 가지고는 세상을 이길 수 있을까 하는 생각도 같이 해 본다.

사탄의 제자들은 거짓을 아주 자애롭고 평화롭게 포장하고는 박수를 받으면서 자신의 뜻을 성취하는데, 나는 진리를 가지고도 박수를 받지 못한다면 그것 또한 잘못이라고 생각한다.

어떤 종교의 지도자는 예수님이 구원의 유일한 길이라는 성경 말씀도 달리하고, 예수 이외에도 모든 종교가 구원에 이를 수 있다는 종교 다원주의를 가지고도 '세계 평화' 니 '가난한 자' 니 '약한 자' 니 '소외받는 자' 니 포장하면서 칭찬을 받으며 목적을 달성하는데, 진리를 가지고도 제대로 전파하지 못하는 나에게는 잘한 것만 있는 것인지 많은 반성을 하게 되었다.

이제는 하나님을 대적하는 자들과 영적 전쟁에서 승리하려면 비둘기같이 순결한 마음을 갖되 그들을 이길 수 있는 뱀의 지혜도 갖추어야겠다는 반성을 한다.

세상을 이길 힘과 지혜를 성령 하나님께 간구해야겠다는 생각을 깊이 해 본 하루였다.

경건은 없어지고 경건의 모양만

솔로몬이 성전을 완성하고 사독의 아들 아사리아는 제사장이 되었다. 그리고 그의 자손은 사두개파라고 하여 제사장직과 지도층의 요직을 세습적으로 차지하게 되었다. 그러나 그들은 부활도 안 믿고 성경적 깊이도 찾아보지 못하는 종교 권력가로 등장하게 된다. 말라기 기자는 이 종교 지도자들을 맹렬히 비난하고 하나님께 돌아올 것을 간구하고 있다. 신약에서도 그들은 권력과 명예, 돈에 관심이 있는 집단으로 간주된다.

예수님을 못 박은 제사장 계급의 행위는 경건을 위장한 바리새파보다도 더욱 비판을 받아 마땅하다. 제사장을 맡다 보니 권력과

금력에 마취되어 실제 중요한 영적 권위를 져버렸던 것이다. 예수님 당시 에세네파, 열심당파, 바리새파 등보다 지도층에 있기는 했지만 경건은 없어지고 경건의 모양만 갖고 있는 제사장이 되고 말았다.

예수님이 성전에 올라가셔서 돈 바꾸는 자, 비둘기 파는 자에게 '아버지의 집을 장사꾼의 더러운 장소로 더럽히지 말라'고 하시며 대노하셨을 때 예수님은 무릇 장사꾼들만 나무라셨을까? 아니다. 그들 뒤에 있는 종교 사업가 제사장과 그 권력자들에 분노하셨다. 그 권력자들이 예수님을 보고 위험한 인물로 간주하여 십자가에 못 박는 일을 더욱 빨리 결정했을 것이다.

내가 어렸을 때, P 장로라는 분이 우리 교회에 자주 설교하러 오셨다. 내가 나가는 교회는 장로교 중에서도 보수를 자인하는 교회다. 그 P 장로가 교회에 오면 많은 환자들이 모였다. 그리고 그가 안수기도를 할 때에는 모든 교인과 고질병 가진 환자들이 울고 불고 야단이었다. 그리고 병이 나았다며 할렐루야 소리가 들리곤 했다.

특유의 바람 소리 '샤샤샤'를 내면서 지나갈 때엔 온 교회가 들썩였다. 그리고 P장로가 한강 백사장에서 집회할 때엔 흰 옷 입은 사람들이 구름같이 모여 할렐루야를 외쳤다. 그리고 얼마 후 감람

　　　　희망의 끈을 찾아서

경건은
어디가고?
모
양

나무 소리가 들리면서 우리 집에는 S촌의 카스텔라나 간장 등을 팔러 오는 아줌마들이 생겼다.

하나님을 떠나 스스로 예수님 행세를 한다는 소식을 듣고 이분이 처음에 성령을 받고 그 성령이 떠나고 나니 경건의 모양만 남아 권세와 영광과 돈에 마취된 종교 사업가로 변했다는 것을 알게 되었다. "처음에는 참 좋은 분이었는데…" 하는 생각이 지금도 내 머릿속에 남아있다.

경건은 없어지고 모양만 남은 사람의 마지막 모습을 보면서 현재 우리 기독교 지도자들의 모습을 그려본다. 처음엔 무릎 꿇고 기도하여 대형 교회를 이루었다가 돈과 명예 때문에 경건의 모양만 남은 목회자는 혹시나 없는지 말이다.

하나님만 따르던 초년의 그 경건과 믿음은 사라지고 쓸쓸한 영적 패배자로 남아 있는 분의 모습을 보면서 애처로움을 느낀다. 또한 처음부터 종교사업가를 자청하고 있는 CEO 목회자들 그리고 그들에게 영적 자양분을 받아야 하는 교인들을 생각하면 슬픈 마음뿐이다. 성령이 떠난 채 목회를 하는 목회자에게서 훈련을 받은 교인도 결국 그와 똑같이 되는 것을 많이 보았다.

교인은 많으나 신앙은 모두 다르다는 것을 많은 사람을 접해 보면서 느꼈다. 교단 따라 신앙이 다르고 목회자 따라 신앙이 제각

각인 우리 성도들을 보면 애처로울 따름이다.

주님은 하나인데 믿음은 왜 그렇게 다른지 모르겠다. 노인이 되어 신앙은 더욱 단순해지고 아멘만 남은 교인들을 보면서, 왜 이들에게 젊었을 때 성경 말씀을 더 가르쳐 주지 않았는지 안타까울 뿐이다. 그들을 가르치지 않은 목회자들에게 하나님께서는 무어라 말씀하실까?

어제의 나는 오늘의 나와 다르다. 미래의 나를 생각하면서 경건과 말씀을 놓치지 말아야 한다. 이를 놓치면 결국 아멘 교인이 된다는 것을 알리고 싶다.

어제 존경받던 사람도 세월이 지나 변질될 수 있으나, 성경 말씀은 영원히 변치 않는다는 확신을 가지고 성경 말씀을 배우는 데 게으름을 피우지 말아야겠다.

우리가 처음 믿을 때의 그 감격, 성령의 인도하심을 기억하고 초심으로 돌아가자. 그리하여 교회의 지도자 된 사람은 더러운 이익을 취하려 하지 말고 오직 즐거운 뜻으로 임하며 오직 양 무리의 본이 되어야 한다.

경건의 모양만이 아닌 경건의 본질을 회복하여 거룩한 목자장이 나타나실 때 영광의 면류관을 얻도록 기도하자.

증거라는 신앙의 디딤돌

　"언론인들의 기독교 진리 수호"라는 공통된 뜻을 추구하는 언론인들의 모임이 있다. 바로 '울타리 포럼'인데 정기적인 모임을 갖고 대화를 하며 신앙에 대해 많은 의견을 나눈다. 강사를 초청해 간증도 듣는다.

　며칠 전 이 모임이 열려 이 자리에 참석한 많은 분들이 저마다 어떻게 자신들의 신앙이 강해졌으며 확신이 생겼는지 자연스럽게 이야기했다.

　이들은 한결같이 고난의 증거를 통해 예수님을 영접했고, 그 고난 속에서 자신을 지켜주시고 보호해 주신 하나님의 은혜 덕분에

이 자리에서 자신의 신앙을 간증할 수 있다고 이야기했다.

고난과 시련 없이는 뜨겁고 확고한 신앙관도 없었을 것이라고 모두 입을 모았다. 평범한 삶 속의 고난과 시련, 이것이 바로 하나님에 대한 신앙의 증거라고 확신하는 모든 사람의 눈빛에서 절실함과 간절함을 느낄 수 있었다. 그로 인해 힘을 얻고 예수님을 증거하는 일에 자신의 온 일생을 바치겠다고 다짐하는 것을 보았다.

이 증거라는 신앙의 디딤돌이야말로 축복이라고 생각한다. 어려움이 닥쳤을 때 하나님을 의지하고 그의 구원만 바라고, 그것이 현실적으로 이루어졌을 때의 그 감격과 고마움이 곧 확고한 신앙관으로 옮겨지게 된다.

그래서 끝까지 주님을 위해 충성하는 사람들의 모습을 볼 때, 그냥 편안하게 예수님 믿고 교회에 나가는 신앙인들과는 매우 대조적이다.

고난과 시련은 누구에게나 있다. 그러나 더 큰 시련 속에서 하나님만 의지하는 사람과 포기하고 넘어지는 사람의 결과가 매우 다르다는 것을 느꼈다.

구약성경은 이 증거에 대한 믿음을 순종과 배신으로 나뉘어 설명하는 것이 핵심이다. 하나님의 도우심은 애굽에서 종살이 하던 이스라엘 백성이 홍해를 건너게 하셨고, 광야에서는 구름기둥과 불기둥으로 이끄셨다.

그 증거를 감사하게 생각하고 하나님만 믿고 따를 때 이스라엘은 번성했으며, 이 증거를 믿지 않고 이방신에게 경배하거나 우상에게 절했을 때 가혹한 형벌이 따랐다. 이 줄거리가 바로 구약성경의 핵심 내용이다.

그럼에도 하나님은 타락하고 배반했던 이스라엘 백성에게 은혜를 베푸사 그의 넓은 사랑으로 메시아 예수 그리스도를 보내셨으며, 그로 인해 우리의 배신을 용서하신다는 메시지가 바로 신약성경의 근본 이야기다.

증거는 야곱에게, 요셉에게 그리고 지금 우리에게도 하나님이 계속 주고 계신다. 모든 사람에게 주시는 이 축복의 증거들을 그리스도의 영광과 하나님의 사랑을 전하는 데 사용하는 사람들, 그리고 하나님의 군대가 되어 신앙의 정결을 지켜가는 사람이 있다. 반면, 그 증거를 자신의 노력으로 알거나 자신에 대한 하나님의 축복으로 알고 자신을 위해 사용하는 사람이 있다.

그러나 이러한 증거도 없는 사람의 믿음은 약할 수밖에 없다. 죄가 많은 곳에 은혜도 많다는 성경 말씀은 그 많은 죄에도 불구하고 자신을 구원하신 그 감격이 더 크다는 것으로 해석된다.

우리의 신앙은 어려움과 고통을 통해 성숙되고 단단해진다. 고

　　　　　　　　　　　　　　희망의 끈을 찾아서

신앙의 디딤돌

통 속에 있는 사람은 다윗의 시편을 읽으면 그 본뜻을 이해하고 공감하며 큰 은혜를 받는다고 한다. 보통 때에 시편을 읽으면 잘 와 닿지 않더라도, 시련 중에 읽을 때엔 큰 감격으로 다가와 믿음을 굳게 해 주며 시련을 이길 힘과 위로를 준다.

우리에게 시련이 온다면 하나님에 대한 신앙심을 크게 하기 위해 하나님이 주신 선물이라고 생각하고 이겨낼 수 있기를 바란다. 시련과 고통은 믿음의 증거를 만들고, 이 확실한 증거를 통해 평생 믿음을 지키고 전파하는 힘이 생긴다.

시련을 두려워 말고 고통을 이겨내자.

그러면 이것이 신앙의 큰 디딤돌이 되고 인생의 좋은 길잡이이자 기둥이 될 것이다. 시련이 있어도 성령 하나님이 이것을 이길 힘을 주시니 기도로써 함께 이겨낼 수 있다.

'울타리 포럼'에서 증거한 그들의 믿음이 계속되어, 하나님의 나라가 이 땅에 올 때까지 굳게 신앙생활을 하리라 믿는다.

대한민국 역사의 뿌리, 청교도 정신

청교도는 영국 국교와 달리 성경적 삶을 이 땅에서 실천하고자 하는 프로테스탄트를 모두 지칭한다.

그들은 성경 말씀을 정치, 경제 등 국가와 개인 생활 모든 분야에 끌어들여와 실천하고자 했으며, 청결한 생활과 해외 선교를 통해 하나님의 말씀을 전하는 데 자신의 일생을 건 순수한 신앙인들을 많이 배출했다.

하나님 말씀에 그대로 순종하고 이 땅에 하나님 나라를 건설한다는 성경중심의 신학관으로, 영국을 떠나 미 대륙 신천지에서 그 뜻을 이루어 오늘의 미국을 만든 사람들이다.

그들의 신앙의 열정은 언더우드(H. G. Underwood), 아펜젤러 (H. G. Appenzeller) 등 많은 선교사들을 한국에 보냄으로써 한국의 근대화에 결정적 역할을 감당케 했고, 그들이 세운 배재학당, 연세대, 이화여대 등은 한국 사회의 지도자들을 양성해 냈다.

이 지도자들은 식민지 시대 독립 운동의 중심이 되었고 이승만, 김구 등 기독교 인사들은 한국의 임시 정부를 이끌었을 뿐만 아니라 대한민국을 건국했다.

대한민국 헌법은 청교도 헌법인 미국 헌법을 본보기로 삼아 제정했으며, 기도로 제헌 국회를 시작하는 대한민국은 이렇게 탄생하게 됐다. 대한민국이 청교도 정신을 이어받은 미국 다음의 국가가 된 것이다.

대한민국의 뿌리라 할 수 있는 이 청교도 정신은 정치, 경제, 문화, 의료 각 분야에 미치지 않은 곳이 없다. 대한민국의 초대 학교는 거의 기독교인이나 선교사들에 의해 설립, 운영되었고 병원 역시 선교사들에 의해 설립되었다. 한글 전파, 여성 교육, 여성 인권 신장 등 우리 사회에 청교도 정신이 미친 영향은 절대적이다.

그리고 교회에 전파된 선교사들의 청교도적 복음주의 신앙관은 한국 초대 교회사의 주류를 이루었고, 그 정신은 일제에 저항하는 민족정신이 되었다. 절대적인 하나님의 주권을 받아들이고, 성경

   희망의 끈을 찾아서

대한민국
역사

청교도 정신

을 하나님의 절대적 권위의 말씀으로 받아들이는 신앙관이 한국 교회의 근간을 이루었다.

그러나 100여 년이 지난 오늘날, 어느 교회도 이 청교도 정신을 이어가며 강조하고 있다는 소리는 듣지 못했다. 아직도 몇 군데 교회에만 작은 숨결의 움직임이 남아있을 뿐이다. 교회가 대형화 되면서 사회 참여, 십일조, 전도 등의 목소리는 커지고 있지만 영혼 구원, 성경적 삶의 실천이라는 목소리는 작아지고 있다. 대한민국 학교 교과서에도 그리고 교회 공과에도 희미하다. 또한 한국 신앙 뿌리의 현주소를 슬퍼하는 사람도 적다.

우선 우리 신앙의 뿌리를 교회가 먼저 찾아야 한다. 그리고 그 목소리를 역사 교과서에 반영하려는 노력이 기독교 단체가 우선 해야 할 일이다.

특히 이 영향을 받아 손양원 목사님은 자신의 두 아들을 공산당에 빼앗기고도 용서하고 아들로 삼아 그 숭고한 사랑이 우리의 가슴을 뜨겁게 만든다. 더구나 그는 한센병 환자를 평생 돌보며 사랑의 삶을 실천했던 세계 신앙사에 유례를 볼 수 없는 성자이다.

이런 청교도신앙의 이야기를 교과서에 담아 한국기독교 정신을 후손에게 알리고 동서화합, 남북화합의 정신을 우리 후손에게 남겨야 하겠다.

사회 참여도 좋고 북한 돕기도 좋다. 그러나 우리의 자랑스러운 신앙의 뿌리, 민족 문화의 뿌리를 온 국민에게 심어주어 밝은 나라, 하나님의 나라가 이 땅에 이루어지도록 모두 함께 다시 기도의 불을 지펴 보자.

따뜻한 화음

　지난 주 유나이티드문화재단이 정부대전청사 기독선교연합회, 중소기업청 기독선교회 등과 함께 정부대전청사에서 독거노인들을 모시고 음악회를 개최했다.

　공연 전에는 아무래도 복지관에서 생활하시는 분들이라 그런지 외로움을 많이 타신다는 느낌을 받았다. 그러나 음악회가 시작되면서 분위기가 고조될수록 점차 따뜻한 온기가 느껴졌다.

　특히 월드비전 선명회 합창단의 합창이 시작됐을 때에는 숨소리마저 멈춘 듯 모두들 음악에 빠져들었다. 그들의 눈빛에서 자신의 손자, 손녀들의 모습을 그려보는 것 같았다. 외로움 속에서 잠시나마 행복을 찾았다고 말씀하시는 분들이 많았다.

화음이 잘 맞는, 수준있는 공연을 감상하고 있자니 어떻게 그런 화음이 나올 수 있을까 하는 의문이 들었다. 다음 일정 때문에 이동해야 하는 대전시장님도 재촉하는 비서들에게 조금만 더 있다가 가겠다고 말씀하실 정도로 음악에 빠져든 모습을 보니, 음악은 정말 우리의 영혼에 양식을 주는구나 하는 생각이 들었다.

이날 클래식 음악을 처음 듣는 사람도 많았다고 한다. 그러나 클래식이 지루하지 않고 영혼 깊은 곳에 감동을 주는 음악이라는 것을 모두 공감하는 시간이었다.

음악회가 끝나고 월드비전 선명회 합창단 지휘자와 함께 서울로 올라오면서 많은 얘기를 나눌 수 있었다. "'선명회'라는 이름 때문에 문선명의 통일교라며 음악회에 오지 않겠다는 사람이 있었는데 혹시 통일교 재단이 운영하는 것입니까?"라고 물었다.

지휘자는 웃으며 이렇게 답했다. 이 합창단은 6.25 한국전쟁 때 영락교회의 한경직 목사님이 고아들을 모아 만든 합창단이고, 당시 미국에서 한국의 가난한 어린이들을 돕기 위해 세운 선교 단체가 바로 월드비전이라고 한다.

월드비전(World Vision)이라는 영문을 한자의 뜻으로 맞춰 쓴 한국어 명칭이 바로 선명회(宣明會)다. 하지만 이후 통일교에서 다른 합창단(리틀엔젤스)을 설립하면서 혼동을 일으키게 됐다고 한다.

1999년부터 세계 모든 월드비전 회원국은 자국 명칭 대신 월드비전이라는 영문 명칭으로 통일하기로 합의하면서 '한국선명회'는 '한국월드비전'으로 이름을 바꾸었다고 한다.

현재 월드비전은 세계 40여 나라의 가난한 자들을 지원하며, 그 금액도 수조 원에 달한다고 한다. 한국전쟁 고아를 위해 창설된 구호 단체가 이제는 세계적인 선교 단체가 되었고, 선명회합창단도 세계적인 합창단으로 성장했다고 설명해 주었다.

어떻게 그렇게 좋은 화음을 만들 수 있는지, 어떤 비결이 있느냐고 물었다.

합창단은 중학생까지만 단원이 되며 졸업하면 새로운 학생들을 교육시키게 되는데, 올해엔 처음 몇 달 간 소리가 좋지 않아 합창 단원들과 지휘자 모두 힘들었다고 한다.

그래서 단원들과 함께 철야 기도에 들어갔고 또 모든 단원들에게 시편을 필사하게 했다고 한다. 필사가 끝난 후에도 간절히 기도를 했는데, 어느 날 갑자기 소리가 예전 수준을 회복하고 모두들 함께 감격해 울었다고 한다.

또 1년이 지나면 잘 하는 중학교 3학년생들이 빠지고 1학년 신

따뜻한
화음

입생들을 가르치며, 세계 각국으로 연주 여행을 다니는 등 항상 긴장 속에서 생활한다고 한다. 단원들 중에는 멀리 지방에서 올라와 연습을 하는데도 학교 성적이 전교 최상위권 안에 드는 학생이 많다고 한다.

단원들의 표정이 참으로 밝다는 생각이 들어 그 이유를 물으니, 합창을 하면 상호 소통과 양보와 화합이 자연스럽게 삶에 녹아들어 밝고 명랑한 사람이 된다고 한다.

나는 큰 교훈을 얻었다는 생각에 크게 칭찬했다.

그들의 고운 화음은 하나님 나라를 확장할 것이며, 그들은 밝은 문화를 이 땅에 전파하는 노래의 천사가 될 것이라 확신한다.

기업을 경영하는 사람으로서 정말 힘들고 어려운 일이 많다. 그리고 힘들고 어려운 일을 겪고 나면 새 힘을 얻고 나아갈 때가 많다.

그때마다 시편을 암송하고 묵상하면 그리스도의 평강을 마음에 주실 때가 많다. 어린 학생이나 나이 든 성인이나 어려운 일을 당할 때 성경 말씀을 의지하고, 기도를 통해 어려운 일을 해결하는 것은 똑같은 이치다.

어렸을 때 이런 경험을 하고 성인이 되면 아무리 어려운 일이라 할지라도 과거에 해결해 주셨던 하나님 은혜의 경험으로 세상을 잘 이겨낼 수 있다. 이것이 믿음의 증거다.

이들이 음악을 배우는 것에 그치지 않고 하나님의 믿음의 증거를 가질 수 있도록 만든 이 지도자는 교회 목사님의 역할도 하고 있는 것이라 여겨진다.

우리 모든 성도가 전문 목회자는 아니지만, 자신의 현재 삶 속에서도 충분히 목회자의 역할을 할 수 있다는 생각을 해 보았다.

서울로 오는 내내 가진 지휘자와의 대화는 유쾌한 배움의 시간이었다. 나도 신앙의 유익을 주는 사람이 되도록 노력하리라 또 다짐을 해 본다. 이것이야말로 하나님 자녀들의 따뜻한 화음이라 믿는다.

마늘 장수 이야기

어느 장례식장의 풍경이다.

대형 병원의 장례식장은 언제나 화환이 차고 넘친다. 단체장, 기업인 등 사회의 저명인사들이 보내온 화려한 화환이 즐비하다. 상주들의 모습에서 상류층의 장례식장 분위기가 물씬 배어나온다. 아흔 살이 다 되어서 돌아가신 분이다. 호상이라고 모두들 화기애애한 분위기다. 돌아가신 분의 장남은 차관급 공무원이고 차남은 사업가이며 자손은 넘쳐난다. 모두 부러운 가족장이라고 한마디씩 한다.

고인은 마늘 장사로 평생을 살며 다섯 아들을 모두 사회의 저명한 인사들로 키워낸 홀어머니다.

젊어서 남편과 사별하고 마늘 장사, 고추 장사 등 안 해 본 장사 없이 고생해가며 아들들의 뒷바라지를 했다. 모두 무사히 대학을 졸업했음에도 불구하고 일흔이 넘는 나이에도 파출부 일을 했다. 암에 걸린 그녀는 혼자서 셋방살이를 하며 모은 삼천만 원을 전부 교회에 기증하고 생을 마감했다.

그리고 그녀가 남긴 건 밥그릇 몇 개와 이불, 월세집이 전부다. 장성한 아들들의 도움을 거절했고, 스스로 파출부 일을 하며 번 돈을 기꺼이 교회를 위해 바쳤다고 한다. 그리고 돌아가실 때까지 교역자에 대한 사랑과 교회를 위한 충고를 유언으로 남겼다고 한다.

한 쪽에서 교인들이 흘리는 감사의 눈물이 그녀에게는 무엇보다 귀중한 마지막 선물인 것처럼 여겨졌다.

오래전 '무소유'로 유명한 스님이 돌아가셔서 온 언론에 대서특필되고 사회가 떠들썩했던 적이 있다. 법정 스님이다. 이 분은 무소유를 평생 강조하고 이것을 저서로도 남겼다. 인세를 모두 사회에 돌려주었다고 많은 세인들의 칭송을 받았다.

그러나 원래 스님은 세상에 남길 것이 없는 분들이다. 산 속 절에 들어가 벽을 보고 몇 년 씩 계시며 불경을 공부하고 공양미를 받아 생활하다 무소유로 떠나는 것이 고승들의 일생이다. 한 번도

희망의 끈을 찾아서

세금을 낸 적도 없고 돈을 번 적도 없으며, 벌려고 마음먹은 적도 없는 것이 불교 승려의 생활이다. 이 무소유의 종교가 불교다.

그런데도 유별나게 법정 스님이 추앙받는 것은 그 분의 글재주가 특별히 좋아서 좋은 글을 많이 남겼기 때문이며, 실제로는 다른 많은 스님들도 무소유를 실천하신 분이 많다는 것이 불교인들의 이야기다.

그러나 기독교인은 이와 전혀 다르다. 기독교인은 세상에 나아가 살면서 자식도 두고 돈도 벌고 빛과 소금의 역할도 해야 된다. 그리고 기독교인으로서 그에 합당한 열매도 남겨야 한다. 이것은 무소유보다도 더욱 힘든 일이다.

이 두 사람의 죽음을 보고 우리는 무엇을 느껴야 하는가.

못 배우고 가난한 삶을 살아온 할머니는, 그러나 세상에 많은 것을 남겼다. 그리고 본인은 무소유로 삶을 마쳤다. 반면 법정 스님은 무소유로 삶을 마쳤으나, 세상에 과연 무엇을 남겼는가.

불교는 '허무하고 허무하니 모든 것이 허무하다'는 명제에서 출발한다. 세상은 덧없는 꿈과 같다는 이야기다. 그러나 솔로몬은 '허무하고 허무하니 모든 세상은 허무하다. 그러나 우리가 사는 목적은 여호와를 경외하는 것이 있기 때문에 인생은 살만한 가치와 목적이 있다'고 운명하는 순간에 자손에게 유언을 남겼다.

이 할머니야말로 인생의 목적을 '여호와를 평생 의지하고 그의 뜻대로 사는 것'으로 삼고, 자손을 번성케 하고 세상에 사랑과 빛을 남기는 보람 있는 삶을 산 것은 아닐까.

우리가 바라는 것은 무소유가 아니라 주님께 봉사하다가 모든 것을 돌려주고 가는 청지기 정신이며 이것이 바로 기독교의 정신이다. 이 정신을 이 마늘 장수 할머니가 실천하고 돌아가신 것이다.

기독교인의 정체성은 무엇인가

요즘은 사회로부터 기독교가 외면당하는 시기다. 교회의 성장은 멈추었고 반기독교 세력이 교인과 교회를 무시하는 시기인 것 같다. 교인의 수는 최근 몇 년 동안 백만 명 이상 줄어들었고, 개척교회는 제대로 돌아가지 않고 있다.

내가 아는 개척교회 몇 개는 십 년 동안 수십 명의 교인 수에 머물고 있고, 교인의 수가 10명 미만인 교회도 상당하다고 한다.

과연 무엇이 문제인가 하는 질문을 스스로에게 해본 적이 있다.

사회인들에게 기독교인이라면 어떤 정체성이 느껴지냐고 물어본 적이 있다. 대체로 그들의 대답은 '기독교인은 술, 담배를 하지 않는다'는 것과 '대화가 통하지 않고 답답하다', '말주변은 좋은 편'이라는 이야기가 많다. 개중에는 잘 모르겠다는 사람들도 있었다.

교회는 어떠냐고 물었다. 그러자 한 사람이 '교회는 시끄럽다'며 '경건함이 없다'고 했다. 그래서 자기는 천주교를 믿으며 성당을 다닌다고 이야기했다.

이것이 교회와 교인에 대한 일반인들의 평가다. 듣고 보니 불교와 천주교의 교인은 이백만 명 이상 늘었고 기독교인은 줄었다는 결과도 이해할 만하다는 생각이 들었다.

어쩌다 우리 교회가 이 지경이 되었나 하는 자책감이 들었다.

내가 어렸을 때는 주변에 교인들이 많지 않았다. 우리 동네에서 교인이 사는 집은 한 두 집뿐이었고 동네 사람들은 예수쟁이 집이라고 비하했다. 그러나 그 당시 교인들을 향한 동네 사람들의 평가는 '예수쟁이는 거짓말은 안 한다', '예수쟁이는 믿을 만하다'는 것이었다. 미움은 받았지만 신뢰도 받았다. 그래서 우리 가족과 나는 행동거지에 신경을 많이 썼고 모든 것에 모범이 되려고 노력했다. 이것이 1960년대와 1970년대를 살았던 교인들의 모습이었다.

영국에서는 감리교가 한창일 때 은행에서 교인이라는 이유만으

정체성
롤 모델
기독교

로 담보도 없이 대출을 해주었다. 로마 시대에는 기독교인들이 심하게 박해를 받았으나, 귀족들 집안에서만큼은 기독교인들의 딸들이 정결하다는 확신으로 그들을 며느리로 삼았다. 그 당시 일등 며느릿감은 순결한 기독 처녀들이었다.

지금은 우리 사회가 과연 우리 기독교인을 받아들일 수 있을까 하는 생각마저 든다.

우리의 정체성을 찾아야 한다. 순결한 기독교인, 청지기 정신을 가진 기독 실업인, 정직한 기독 청년과 교인들, 정의로운 기독교인, 사회에 대한 사랑과 열정을 가진 기독교인, 나라를 사랑하고 자유민주주의를 신봉하는 기독교인의 이미지를 우리의 정체성으로 삼고 이 정체성을 다시 한국 사회에 부각시켜야 한다.

선교와 전도를 우리의 정체성으로 삼는 교회도 옳다. 그러나 사회는 우리가 더 많은 열매를 그들에게 보여주어야 선교와 전도가 가능하다.

우리의 롤모델을 찾아야 한다. 우리의 롤모델을 찾는 것이 우리의 정체성도 찾는 길이다. 대한민국의 개국 초 지도자들은 기독교인들이었다. 이승만 대통령, 김구 선생님, 조만식 선생님 그리고 이시영 부통령 모두 민족지도자이자 한국 교회의 지도자였다.

뿐만 아니라 세계를 이끌었던 위대한 링컨 대통령, 조지 워싱턴 초대 미국 대통령, 세계적인 부자 록펠러 등이 모두 우리의 롤모델이다. 이들을 통해 우리의 정체성과 자부심을 찾고 우리의 정체성도 확립해야 한다.

세상에 빛과 소금의 역할을 다 할 때 비로소 전도가 이루어지고 하나님의 나라가 확대되는 것이다. '오늘은 한국에서, 내일은 세계로' 라는 전도 구호에 앞서, '오늘은 한국에서, 내일은 세계에서 우리의 올바른 가치관과 정체성을 전 세계에 알리자'라는 슬로건은 어떨까 하는 생각이 든다.

우리는 앞서가야 한다. 앞서가는 우리의 문화와 사상을 세상이 뒤따르고 본받게 해야 한다. 하나님의 진리를 당당히 세계에 알리고 하나님의 위대하신 말씀을 전하자. 우리를 하나님이 원하시는 롤모델로 만들어 달라고 간절히 간구해보자. 우리를 세계적인 지도자로 삼아주시고, 내가 운영하는 기업이 세계에서 가장 성공하고 있는 모델이 되게 하시며, 세상이 우리를 봄으로써 하나님의 살아계심도 알고 하나님을 두려워하게 해달라고 간절히 간구해보자.

복된 삶을 살기 위한 조건

세계사를 보면 교회는 부유하고 권력이 강할 때 가장 부
패했고 쇠퇴했다. 하지만 박해가 심하고 어려울 때 교회는
강하고 힘 있는 영적 능력을 갖추어 왔다.

배신이라는 이름의 이야기

　요즘 정치하는 분들의 입에서 '배신의 정치' 라는 말이 오르내린다. 한쪽에서는 "배신자에게는 국회의원 공천을 절대 줄 수 없다"고 하고, 한쪽에서는 "국민의 뜻을 무시한다"며 논쟁이 한참이다. 동지라고 생각해 굳게 믿고 동고동락하며 권력도 주고 국회의원도 시켜 주었는데 힘이 생기니 대적하는 행동을 했다며 분노하는 모습이다.

　이는 정치인들만의 일은 아니다. 어느 학교의 이사장이 굳은 신뢰를 갖고 총장을 임명했는데, 이 총장이 오히려 문제를 만들어 이사장을 쫓아내고 본인이 모든 학교 조직을 장악했다는 이야기가 있다. 어느 작은 회사의 경우 사장이 외국 출장을 갔다 와보니 제일 믿었던 전무가 사원들과 공모해 사장을 몰아내고, 거래선을 자기 것으로 만들어 회사를 빼앗았다는 이야기도 있다. 특히 오파상의 경우 흔히 있는 일이라고 한다.

역사 속에도 있다. 로마의 황제였던 시저는 자신의 양아들에 의해 살해된다. 이유는 민주주의를 위해서였다고 한다. 이때 시저가 남긴 유명한 독백이 바로 "브루투스 너마저…" 라는 외마디였다.

배신은 교만으로부터 나온다. 교만은 사탄이 하나님과 같아지려는 욕심에서 비롯되었다. 배신은 곧 사탄의 생각이며 겸손은 곧 예수님의 생각이다. 우리나라 속담에도 "믿는 도끼에 발등 찍힌다"는 속담이 있다.

예수님도 가룟 유다로부터 배신을 당하셨다. 예수님은 가룟 유다를 신임하시고 모든 재정을 맡기셨다. 지금으로 치자면 재무 담당 책임자다. 은 30냥에 예수님을 팔아넘긴 가룟 유다의 죄는 결국 자살이라는 최악의 벌로 귀결됐다. 그는 성경에서 제일 추악한 인물로 전해진다.

그뿐인가. 지금도 아들로부터 횡령이나 배임으로 고발당해 수감 중인 기업인이 적지 않다. 또 어느 정치인은 부인에게, 어느 기업가는 평생 모시는 정치인에게 배신을 당했다고 유서를 써놓고

스펙
인격

원수를 갚았다는 신문 기사는 우리를 무척 슬프게 한다.

'배신의 정치'라는 단어는 이제 없어져야 할 단어다. 믿고 신뢰할 수 있는 정치 풍토가 정말 그리워진다.

난 신입사원 면접을 볼 때 스펙보다 인격을 중요하게 본다. 대부분의 기업들도 이런 부분에 공감할 것이다. 어느 대기업은 점쟁이까지 대동하고 면접시험을 보더라는 일화는 아주 유명하다. 아무리 실력이 출중해도 반골 기질이 보이면 골라냈다고 한다.

사실 요즘도 회사 면접시험의 중점 관찰 대상은 이런 항목들이다. 그래서 부모님에 대해서도 물어보는 등 이력서 상에서 이런 점들을 찾아내려고 노력한다고 한다. 그 사람이 과연 믿을 만한지 아닌지가 무척 중요한 사회다.

요즘 기업은 스펙보다 사람의 됨됨이를 깊이 따진다. 특히 돈을 관리하는 부서 등 중요 부서의 사람은 승진할 때에도 이런 점을 따지고, 회사가 어려울 때 자신의 이익보다는 회사 편에서 일할 사람인가를 중요하게 관찰해 임명한다고 한다.

성경도 배신의 문제는 엄히 말씀하신다. 하나님의 은혜를 받고도 배교를 하면 이는 죄 사함을 받을 수 없는 중대한 범죄라고 말씀하고 계신다.

하버드에서 신학을 공부했음에도 스님이 된 사람을 보면서 놀

랍다는 생각이 들었다. 열심히 신앙생활을 하다가 예수님으로도 부족해 점쟁이에게 물어보는 기독교인을 보면서 예수님이 과연 이들을 어떻게 생각하실까 걱정이 앞선다.

예수님이 시장하시어 잎이 무성한 무화과나무에서 열매를 구했으나 열매가 없자 저주하시니 무화과나무가 뿌리째 말랐더라는 성경 구절을 생각해 보면서, 예수님이 나에게 물질과 재능과 건강을 모두 주셨는데 이것을 내 것이라고 생각해 예수님의 마음을 슬프게 하고 있지는 않나 하는 생각이 들었다.

우리 모두에게, 신앙인에게도 해당되는 '배신이라는 이름의 이야기'를 의미 깊게 생각해 본다.

두 종류의 크리스천

어느 기독교 모임의 자기소개 시간이었다. 젊고 잘생긴 사람이 자리에서 일어나 본인의 신앙 간증을 시작했다. 그는 작은 사업을 하고 있는데, 록펠러보다 더 많은 헌금을 하는 것이 꿈이라고 했다. 이를 이루기 위해 매일 새벽기도를 나가고 있다고 한다. 록펠러보다 더 부자가 되게 해주십사 간절히 새벽기도를 드린다는 그의 모습에서 어떤 광기마저 느껴졌다.

"지난달에는 200만원 적자가 나서 하나님께 기도를 드렸어요. '적자가 났을지라도 이 모든 것을 하나님께 드립니다. 제 뜻을 이루게 해 주십시오' 라고요."

그는 기도를 드리고 교회에 헌금을 했다고 한다. 지금도 계속 적자가 나고 있지만 하나님은 자신을 버려두지 않으실 것이라 확실히 믿으며 신앙생활을 하고 있다고 한다. 열정적인 신앙고백 겸 자기소개를 듣고 있자니 한마디 하고 싶은 생각이 들었는데 꾹 참고 고개를 끄덕여 주었다.

이번에는 옆자리 젊은 친구의 순서다. 그는 국내의 한 대기업에서 근무하다 캐나다로 유학을 떠나 IT 계통을 전공했다고 한다. 직장을 구할까 생각하다 선교사로 일하기로 마음먹고 혼자서 프로그램을 만들어 문서 선교를 하는 일을 하고 있다고 한다.

나는 선교 사역도 좋지만 아내와 자식들을 데리고 생활은 어떻게 하고 있는지 물어보고 싶었다. 자신에게는 소망과 열정이 있다지만, 그의 부인은 생활하기 참 어려울 텐데 하는 생각이 들었다. 나이를 물어보니 40대 초반이라고 한다. 그래도 그의 얼굴은 아주 편안해 보였다.

또 다른 한 청년은 미국 유학 후 대기업에서 높은 연봉을 받고 일하다 조그만 선교 단체로 이직했다. 월급을 150만 원 받는 조건으로 이직했다고 한다. 대기업에 다닐 때엔 500만 원 이상 받았다는데, 그래도 지금의 생활이 더욱 행복한 모양이다.

자신의 것을 다 버리고 살아가는 사람과, 물질을 더 얻으려고 기도하는 사람. 두 사람의 신앙에서 나는 무언가를 크게 느꼈다.

내가 신학교 이사장을 맡고 있던 시기, 입학식 때 들었던 한 목사님의 축사가 떠오른다.

"여러분, 돈을 벌고 싶으면 월스트리트로 가서 돈을 버십시오. 신학은 배고프고 외로우며 주님의 십자가를 지고 가는 고통의 길입니다. 이 길을 진정으로 가고자 하는 분만 신학을 공부하십시오."

그러자 학생들의 표정이 가히 좋아 보이지 않았다. 이윽고 특송 시간이 되자 몇 사람이 특송을 부르기 시작했다. 나는 당연히 찬송가를 부를 것이라 생각했는데 이게 웬걸, CCM을 소리쳐 불러대는 것이 아닌가. 입학식이 끝나고 사적인 자리에서 "그래도 예배 시간에는 찬송가를 부르는 게 어떻겠냐"고 조용히 이야기했다. 학생들 표정이 또한 좋지 않았다. 목회자부터 잘 키워야겠다는 생각이 들었다.

록펠러가 되겠다는 욕심을 가지고 간절히 기도하면, 하나님은 정말 부자로 만들어 주실까? 무당에게 가서 복채를 많이 내고 빌면 부자가 될 수 있다는 생각을 가진 많은 사람들이 떠오른다.

성경은 어떻게 말씀하고 계신지 곰곰이 생각해 보자. 성경은 "하나님 나라와 그 의를 구하라, 그리하면 나머지는 덤으로 주신

욕심
기도
주님 일에
헌신

다”고 말씀하신다. 하나님의 영광을 위해 의를 구한다면 부도 건강도 함께 주실 것이다. 아무리 명성과 덕망이 있는 목회자라도 자신만의 영광을 위해 일하는 사람이라면, 영성이 있는 사람이 볼 때 바로 그가 어떤 사람인지 느낄 수 있다.

어느 목회자가 “나에게는 성도들을 축복하고 저주하는 축복권과 저주권이 있다.”고 설교하는 것을 듣고 놀란 적이 있다. 하나님의 사람은 남을 저주하면 그것이 자신에게 돌아온다. 또한 남을 축복하면 그 축복이 자신에게 온다고 성경은 말씀하고 계신다.

자신의 이익을 버리고 오직 주님의 일에 일생을 헌신하는 많은 사람들 덕분에 오늘도 머리 숙여 배우고 신앙을 담금질할 수 있었다.

신비한 인물 고레스 대왕

성경을 읽으면서 정말 신비롭고 이해하기 힘들다 느꼈던 인물이 바로 고레스다. 페르시아의 왕인 고레스는 취임하자마자 포로가 된 유대 백성을 고향으로 돌려보내고, 바벨론 왕이 가져온 모든 금 그릇, 은 그릇 등 성전에서 쓰였던 보물들을 돌려보냈다. 또한 유대인들이 성전을 재건할 수 있도록 모든 편의를 제공하라는 칙령을 내리고, 마지막으로 유대인들이 믿는 여호와 하나님야말로 참 신이라는 신앙 고백을 한다.

나는 이 성경 구절을 볼 때마다 믿어지지 않는 역사적 사실에 의아해한다. 고레스 왕은 유대교인도 아니고, 율법을 공부한 적도 없으며, 아무런 연고도 언급되어 있지 않은 이방인이다. 그럼에도 여호와 하나님은 그로 하여금 참 신이라는 고백을 하게 만들고 경배케 하시며, 백성들을 해방시키게 만드셨다. 무슨 설화나 신화 같은 느낌마저 든다.

그러나 고레스의 탄생과 그의 일생을 찾아보면서 그를 통해 하나님이 하나님의 계획과 역사를 주관하고 계신다는 것을 깨닫고, 성경이야말로 하나님 말씀이라는 것을 또 한 번 확인할 수 있었다.

이사야서에 '고레스를 통해 하나님이 백성을 해방시키신다' 는 예언이 있었고, 그 시기는 70년 후가 될 것이라는 예레미야나 다니엘 등 다른 선지자들의 예언도 있었다. 고레스는 하나님이 택한 사람이며, 그의 페르시아 제국 탄생을 하나님이 도와주신다는 내용도 성경에 기록되어 있다.

고레스는 세력이 미미한 도시국가를 이끌고 대국인 바벨론을 공략해 대제국을 만들었다. 특히 그의 탄생 신화는 하나님의 역사 하심을 그대로 나타낸다.

고레스의 외조부는 왕이었다. 왕이 어느 날 꿈을 꾸었는데, 자신의 딸인 공주의 오줌이 온 아시아를 덮는 꿈이었다. 왕은 술사들을 불러 해몽을 청한다. 술사는 딸의 아들이 반역해 왕의 자리를 빼앗고 온 아시아를 정복하는 대왕이 될 것이라 했다. 이야기

고레스 대왕
역사를 주관
성전
재건

를 들은 왕은 반역을 막기 위해 딸을 보잘 것 없는 가문에 시집보냈다.

그리고 딸은 아들을 낳았다. 왕은 이때 또 비슷한 내용의 꿈을 꾼다. 결국 왕은 딸의 아들을 죽이기로 작정하고, 믿을 만한 신하에게 외손자를 살해할 것을 지시한다. 그러나 그 신하는 공주의 아들을 보고, 자신이 이 아이를 죽이고 벌을 받게 될 것을 두려워해 차마 죽이지 못한다. 결국 양치기에게 위탁 양육을 맡기고, 마침 그 시기에 죽은 양치기의 아들을 장사 지내 왕을 속인다.

이 어린 아이 고레스는 양치기의 아들로 크면서 자라 왕이 되고, 세력을 키워 바벨론을 무너뜨리며 페르시아의 대왕이 된다.

양치기 시절 친구였던 사람 중 하나가 유대인이었다는 설이 유력하다. 그때 하나님을 알고 그에게 의탁했다는 설이다. 또한 그 유대인 친구에게 '내가 왕이 되면 유대인을 해방하겠다.' 는 약속을 했다는 설도 있다. 이슬람에서는 고레스 왕이 다니엘과 뭔가 특별한 관계가 있었을 것이라고 이야기하고 있으며, 고레스 왕이 보물 창고를 시찰하다가 이사야서를 읽고 거기에 실린 예언 속 주인공이 자신이라는 생각에 감격해 유대인들을 해방했다는 설도 있다.

어떤 것이 맞는지는 모르나 하나님이 고레스를 택하여 하나님

백성을 돌려보낸 것은 사실이다. 하나님이 고레스를 하나님의 택한 자로 삼고 그를 통해 역사를 주관하셨다는 것은 부인할 수 없는 역사이자 사실이다.

하나님은 우리 모두에게 어떤 목적과 소망을 갖고 계신다는 것을 우리는 알고 있다. 또한 그의 목적대로 사용 받기를 원하고 있다.

하나님이 나에게 갖고 계신 목적을 알고 세상을 사는 사람은 행복하다. 이 세상을 살아가는 목적을 알고, 그 길을 걷는 것을 인도하시는 성령 하나님의 도우심을 느끼며 살아가는 것이야말로 기독교인의 올바른 길이 아니겠는가.

하나님이 갖고 계신 나에 대한 분명한 목적. 그 목적을 찾았을 때 그리고 그대로 쓰임을 받고 있다고 느낄 때, 세상의 어떤 부귀영화와도 바꿀 수 없는 행복이 느껴질 것이다.

이방인 고레스를 들어 유대 민족을 구하신 하나님이, 과연 한국에 있는 나를 통해서는 어떠한 일을 원하고 계신지를 찾아보자.

누가 진정한 동성애자 친구인가?

어떤 것이 진정 동성애자를 생각해 주는 것인가를 짚어볼 만한 일이 있어 이를 글로 옮기려 한다.

최근 어느 젊은 의사를 만나 그의 이야기를 들으며 새롭게 배우고 느낀 바가 많았다. 그 젊은 의사는 연세대학교를 졸업하고 병원을 개업했다고 한다. 어느 날 에이즈 환자 한 명이 입원을 했고 처음엔 별 관심이 없던 환자였는데, 그의 인생 이야기를 듣다 보니 측은한 마음이 생겨 꼭 치료를 해주고 싶었다고 한다.

그런데 열심히 치료하는 성실한 의사가 있다는 소문이 에이즈 환자들 사이에 좋게 퍼져, 한두 명이었던 에이즈 환자가 지금은

희망의 끈을 찾아서

60명이 넘는다고 한다. 성심껏 치료를 하다 보면 그들이 어느새 마음을 열고 자신들의 이야기를 털어놓는다고 했다.

별 생각 없이 동성애를 시작했던 이야기부터, 자신의 병으로 인해 가정이 파괴된 이야기, 그리고 자신들이 얼마나 어리석었는지 후회가 된다는 이야기들을 듣고 나니 의사는 그들을 동정하게 됐다. 동성애로 인해 인생이 어떻게 파괴되어 가는지 생생한 과정을 들을수록, 더욱 그들이 불쌍하게 느껴져 동성애 치료 전문의가 되기로 마음먹었다고 한다.

에이즈 치료 뿐 아니라 동성애자들의 고통을 감싸주고 그들이 재활하도록 돕는 의사가 되었다면서, 동성애를 막고 에이즈를 예방해야겠다는 사명감이 느껴졌다고 한다.

그래서 동성애 예방을 위해 학교나 교회, 회사마다 다니며 강연을 시작했다고 한다. 남성간의 동성애를 통한 에이즈 감염률은 90% 이상이라고 강조하면서, 동성애를 막는 것이야말로 우리 사회에 반드시 필요한 가치 있는 일이라고 말한다.

얼마 전, 한 국립대학교 총학생회장 선거 때 자신을 동성애자라고 밝히며 출마해 당선된 여학생이 생각난다. 그 부모의 마음이 과연 어땠을까 생각하니 부모 된 자로서 마음이 울컥했던 기억이 난다.

또한 얼마 전 신문이나 TV 뉴스에서는 신학교 학생들이 동성애 지지를 선언하고 동성애를 반대하지 말라며 시위하는 장면도 볼 수 있었다. 목회자 지망생들 중에서도 동성애자들이 있다는 사실에 많은 기독교인들이 크게 놀랐다. 어느 영화감독이 보수 교단의 신학교에서 동성애 예방 강연을 계획했다가 학생들의 항의에 결국 하지 못하고 나왔다는 기사도 있었다.

그들은 무엇 때문에 동성애를 지지하는 것일까? 하나님의 종이 되고자 하는 학생들이, 성경에서 그토록 죄악으로 간주하고 경계하는 동성애를 왜 지지하는지 모르겠다.

하나님의 종이 하나님의 말씀을 따르는 것은 인간의 동정심보다 앞서야 하는 것이 아닌가? 과연 누가 진정한 동성애자의 친구인지 곰곰이 생각해 보아야 한다.

서울의 어느 중학교에서 있었던 여학생의 이야기도 매우 충격적이다.

자신이 제일 존경하는 선생님은 국어 선생님이었다고 한다. 하지만 좋아하던 국어 선생님이 수업 시간에 동성애를 지지하는 내용의 강의를 하자 학생은 크게 실망하고 말았다.

결국 교장 선생님을 찾아가 수업 시간에 그런 내용의 강의를 하지 못하게 막아달라고 부탁했다고 한다. 그러나 교장 선생님은 인

   희망의 끈을 찾아서

"오직 종교의
힘으로만 치료
가능합니다."

권 문제 때문에 국어 선생님에게 무어라 말할 수 있는 위치가 아니라는 말을 했다고 한다.

크게 낙담한 여학생은 이 일로 우울증이 생겼고, 급기야 학교 성적도 크게 떨어졌다고 한다. 부모님에게도 이야기하지 못해 어느 선교사님을 찾아가 눈물과 함께 털어놓았다고 한다. 어쩌다 우리는 이런 어린 여학생의 눈물어린 고통의 소리도 외면하게 된 것일까?

6월에 서울광장에서는 또다시 퀴어 축제가 열린다고 한다. 아무것도 모르는 우리의 자녀들이 동성애 문화에 세뇌될지도 모른다. 회사에서 몇몇 직원들에게 자녀들이 위험할 수 있으니 한 번쯤 대화를 나눠 보라고 했다. 그러자 답변이 이구동성이다.

"사장님, 무슨 그런 말씀을 하십니까? 우리 애는 전혀 그런 것에 넘어가지 않습니다." 그리고 한 마디 덧붙인다. "저는 한 번도 동성애 문제가 내 문제라고 생각해본 적이 없습니다."

하지만 한 임원이 "우리 아들이 이번에 군대에 갔는데 사실 걱정이 많이 되긴 한다."고 심각하게 말하니, 그제야 모두들 한 번쯤 다시 생각해 봐야겠다고 한다.

젊은 의사가 이야기를 마치며 했던 말이 귓전에 맴돈다.

"동성애는 치료될 수 있습니다. 이것이 선천적이라고 하는데

   희망의 끈을 찾아서

그렇지 않은 경우가 더 많습니다. 노력하면 얼마든지 치료 가능합니다. 그리고 이는 오직 종교의 힘으로만 가능합니다."

우리의 힘이 부족하면 예수님의 힘으로 동성애를 치료해 보자. 주님이 도와주실 것이라 믿는다.

기대감과 상실감 그리고 한(恨)

세상을 살다 보면 "누가 과연 나의 진정한 친구이며, 누가 나를 해치는 사람인가"를 생각해 볼 때가 많다.

그간 살면서 여러 사람을 많이 만나 보았다. 아주 점잖고 따뜻하게 말할지라도 실제로는 말로만 도와주는 사람이 있는가 하면, 말이나 태도는 무뚝뚝하고 무정해 보이는데 속마음은 따뜻해 끝까지 도와주는 사람이 있다. 그에 대한 고마움은 가슴 속에 항상 남게 되고, 마음의 빚을 평생 갚으며 살게 된다.

성경도 이 문제를 깊이 말씀하신다. 가난한 이웃이 배가 고프다고 할 때 친절하게 밥을 먹으라고 가르쳐주고, 아픈 이웃이 있을 때엔 약을 먹으라고 조언해 주는 사람이 있다. 그러나 이 사람은 실제로는 전혀 도움을 주지 않은 사람이다. 성경에는 "정작 그에게 먹을 밥과 입을 옷을 주지 않는데 그것이 무슨 사랑이냐"는 물음이 있다.

내가 평소에 많이 베풀었던 사람이 있다고 해보자. 정작 내가 어려울 때 그에게 도움을 청하면, 그간 많은 도움을 받은 그가 반드시 나를 도와줄 것이라는 기대감이 생긴다. 그러나 그가 냉정하게 거절한다면 상실감을 뛰어 넘어 한이 되어 가슴에 남게 되는 경우가 많다. 자식에게 큰 기대를 걸고 모든 재산을 넘겨주었는데 경제력이 없어진 부모를 모른 척하는 사람이 요즘 많다고 한다. 그래서 법정에는 재산을 반환해 달라는 소송이 끊이지 않고 있다고 한다.

예수님이 매우 시장하시어 길에 있는 무화과나무에서 그 열매를 찾으셨으나 열매가 없자 그 나무를 저주하시니 뿌리째 말라 죽었다는 구절이 있다. 나는 이 구절을 대할 때마다 무섭다는 생각이 든다. 하나님께서는 나를 하나님의 목적에 맞게 사용하시기 위해 나에게 재산과 지식과 건강을 주셨는데, 과연 나는 하나님의 기대만큼 하고 있는가를 생각해 보면 겁이 날 때가 많다.

하나님의 기대는 100인데 나는 10도 못하고 있지 않나 생각해 보면서 부끄러움과 두려움을 느낄 때가 많다. 내가 기도하는 것은 형식적일 뿐이라는 생각도 든다. 하나님의 뜻을 따라가야 하는데 어려운 일에서는 다 빠지고 나에게 유익한 것, 나의 영광과 명예를 위해서만 하나님을 이용하고 있지 않나 하는 생각도 해본다.

그리고는 "나는 그리스도를 위해 최선을 다해 순종하고 있다"고 스스로 변명하고 있는 것은 아닌지 반성해 본다.

요즘 동성애법(차별금지법) 문제로 미국이 완전히 하나님으로부터 멀어져 괴이한 사회 현상이 일어나고 있다. 예수님을 유일한 구원의 길이라고 목회자가 설교하거나 학교에서 교육하면, 해당 목회자 혹은 교사가 법적 처벌을 받게 되는 경우도 있다. 동성애가 하나님의 말씀에 어긋난다고 설교하면 처벌을 받는 미국이 되었다. 이제는 길에서 전도를 해도 체포되는 미국이다. 참 이상한 법률이다.

이것이 이제 한국 국회에도 곧 제출된다고 한다. 그리고 정치가 중에서나 교회 목회자 중에서도 이 법률에 찬성하는 사람이 많다. 하나님의 말씀이 이 땅에 전해지지 못할 때, 대한민국의 역사는 어떻게 변할지 모르겠다.

이를 막기 위해 십자가를 지고 방송에서, 그리고 골방에서 기도하며 갖은 고난을 겪는 분들이 있다. 나는 그 분들을 볼 때마다 큰

희망의 끈을 찾아서

하나님 기대
100
재산
지식
건강

빛을 진 자가 되는 기분이다. 그 분들을 볼 때마다 나 자신은 왜 이렇게 작아지는지 모르겠다. 하나님 앞에서 십자가를 지지 않겠다고 하는 모습을 보이는 것 같다.

주님을 위해 자신을 버리는 분들 앞에 부끄러운 마음으로 존경을 보낸다. 하나님, 나에게도 그런 믿음과 지혜를 주시옵소서.

일본의 순교지를 탐방하며

얼마 전 CBS가 주최한 프로그램으로 크루즈를 이용한 3박 4일 간의 일본순교지 순례를 다녀왔다. 총인원이 2,000여 명이나 되는 대규모 방문단이었다.

과거 일본은 오랜 내전에서 승리하기 위해 대포와 조총이 필요했고, 이것을 가지고 있던 포르투갈과 교역을 하게 됐다. 이때 천주교를 받아들이고 그 대가로 총과 대포를 갖게 되었다. 막강해진 군사력을 이용해 일본 본토를 통일한 후, 임진왜란을 일으켜 조선을 침략했다.

그리고 조선의 기술자들을 모두 일본으로 데려갔다. 끌려간 도

공들은 명품 도자기를 만들었고 일본은 이것을 중요한 문화 상품으로 만들어 유럽에 팔았다. 이렇게 모은 자금으로 과학 기술과 무기를 더 많이 구입해 2차 세계 대전을 일으키고 한국을 식민지로 삼아 우리에게 큰 상처를 남겼다.

그 당시 천주교는 일본의 주요 종교가 되었고 신자 수가 많았다고 한다. 그러나 국가가 부흥하고 나니 이제는 정권을 위협하는 세력으로 간주하여 천주교인들을 무참하게 처벌하기 시작했다. 그들이 천주교인들을 찾아내는 방법은 악랄했다.

예수님 그림을 바닥에 깔고 이를 밟고 지나가는 사람은 살려주고 머뭇거리거나 건너뛰는 사람은 잡아다 처형하고는 반드시 목과 몸을 분리해서 매장했다.

혹시라도 그들이 부활할 것을 걱정했기 때문이라고 한다. 몸에 큰 상처를 낸 다음 뜨거운 온천수에 거꾸로 담그는 형벌도 있었다. 20평 남짓한 좁은 감옥에 30여 명의 죄수를 감금하고 처형했다고 하니 그 잔혹함은 이루 말할 수 없다.

근대사에서 가장 많은 수의 순교자를 낸 나라가 바로 일본이라고 한다. 필요할 때엔 간이라도 빼 줄 듯이 천주교를 받아들이더니 필요가 없어지자 모두 처형한 일본의 정신은 실로 무섭다. 당시 순교자들이 과연 어떤 마음으로 신앙을 지킬 수 있었는지 참으

박해
배신
신앙

로 궁금해 졌다. 과연 나는 이런 박해가 올 때 그들처럼 순교할 수 있을까?

이제 한국 교회도 박해의 시대가 시작될 것이라는 생각이 든다. 동성애 허용법이 그 시작이다. 이 법의 정식 명칭은 ‘차별금지법’이 될 것이다. 이 법은 성적 차별뿐 아니라 사상이나 종교, 신념 등 모든 차별에 적용이 된다. 이단을 이단이라고 이야기할 수 없고, 동성애가 성경에서 금지되어 있다고 이야기할 수도 없다. 예수 그리스도 이외에는 구원이 없다는 말도 해서는 안 되며, 공공 장소에서 신앙고백을 해도 안 된다. 타 종교를 차별하는 것이 되기 때문이다.

이제는 “세계 평화를 위해서는 그리스도만이 구원”이라고 전도하면 처벌받게 된다. 이런 시대에 후손을 올바르게 가르칠 수 없다면 대한민국의 장래는 어떻게 될까 생각하니 가슴이 아프다. 과연 나는 어떻게 할 것인가.

일본의 순교자들과도 같은 상황에서 내가 과연 무엇을 할 수 있을까 생각해 본다. “예수님은 한 번도 나를 배신한 적이 없는데 나는 어떻게 예수님을 배반할 수 있겠느냐”는 물음을 던지고 순교했던 신앙 선배들의 절규를 어떻게 받아들여야 할 지 모르겠다.

일본 순교지 탐방은 나 자신의 신앙도 재점검할 수 있었던 뜻

깊은 시간이었다. 많은 목회자들이 신사 참배를 국가 행사라고 이야기했던 범죄도 기억난다.

그리고 이를 반대하여 갖은 고초를 겪은 주기철 목사님도 떠오른다. 나는 어느 편에 설 것인가. 내가 가진 것을 지키기 위해 빛과 소금의 역할을 포기하고 시대의 조류에 떠밀려 내려갈 것인가. 나의 나약한 신앙을 한 번 더 탓해 본다.

"하나님, 저에게 십자가 군병이 되는 은혜를 주시옵소서!"

"매우 친절하시군요"라는 말의 의미

사람들은 다른 사람을 접할 때 무언가 얻고자 하는 생각을 순간적으로 하게 된다고 한다. 부자를 만나면 '혹시 내게 금전적으로 도움이 되지 않을까' 하는 기대감, 정치인이나 권력 있는 사람을 만나면 '내가 무언가 부탁을 할 수 있지 않을까' 하는 기대감 등이다.

아기가 어머니를 만나면 젖을 기대하고, 교인이 목사를 만나면 축복이나 성경 말씀을 기대하며, 목회자가 성도를 만나면 헌금이나 봉사, 교회 출석 등을 기대하게 된다. 사람들은 이런 기대감을 순식간에 느낀다고 한다. 그리고 상대방이 자신의 욕구를 충족시켜 줄 때 "당신은 매우 친절하시군요"라는 말을 한다. "Very Kind"라는 말은 미국인이 가장 잘 쓰는 말 중에 하나라고 한다.

반면에 사람들은 이런 기대감을 주지 못하는 사람, 예를 들면 가난하거나 병든 사람들을 만나는 것은 꺼린다. 그들과 어울리는 대신 그들을 따돌리거나 경멸하는 경우가 있다.

이것을 우리는 이른바 '왕따' 라는 단어로 표현한다. 하지만 내게 아무 것도 줄 수 없는 사람들에게 다가가 무언가를 베풀고 그들을 보듬어 주는 것을 우리는 '사랑' 이라고 부른다.

기독교에는 가난한 자, 힘없는 자, 도움이 필요한 자에게 다가가 그들에게 먹을 것을 주고, 치료해 주며, 상처를 보듬어 주라는 말씀이 있다. 이것이 바로 '네 이웃을 사랑하라' 는 기독교의 기본 정신이다.

참으로 힘든 일이 아닐 수 없다. "네가 누구에게 베풀고자 하면 보상을 기대하지 말고 베풀기만 하라", "네게 무언가 보상을 주거나 은혜를 갚을 수 있는 사람이 아닌, 되돌려 받을 수 없는 사람에게 베풀라"고 한다. 그 대신 하늘에서 네게 되돌려 주신다는 것이다. 이기심 많은 우리로서는 정말 하기 힘든 일이다.

예수님은 이것을 몸소 실천하신 분이다. 죄인인 우리를 위해 우리 죄를 모두 지시고 십자가에서 돌아가심으로 우리를 하나님의 자녀로 만드셨다. 자신의 피와 살을 주심으로써 우리를 영원한 천국의 백성으로 만드셨다. 그리고 이를 믿기만 하면 되는 아주 쉬운 진리를 선포하셨다. 이것이 복음의 핵심이다. 또한 이것을 모든 사람에게 전하는 것이 전도다. 사실 이 복음을 받는 사람은 인생에서 제일 큰 선물을 받는 것이다. 그런데도 이를 거부하는 사람은 복을 걷어차는 불쌍한 사람이다.

인간은 다른 누군가를 항상 도와줄 수는 없다. 잠깐의 도움을 주기는 쉽지만 끝까지 도와주기란 결코 쉽지 않다. 내가 많이 아파 누워 있을 때, 잠깐은 문병을 올 수 있지만 몇 달 몇 년이고 도와주지는 못한다. 마음이 아플 때 잠시나마 위로해 줄 수는 있지만 계속 하긴 어렵다. 부모가 자식에게라면 그래도 가능하지만, 자식이 부모에게는 한계가 있다. 형제간에도 마찬가지다. 상대방이 가난하다고 해서 끝까지 책임지고 계속 도와주는 사람은 드물다.

그러나 예수님은 그렇지 않다. 언제나 끝까지 사랑을 지니고 도와주시는 분이다. 그래서 내가 살아오면서 겪었던 모든 경험을 토대로 예수님의 사랑을 설명하면, 그래도 망설이는 사람도 있고 받아들이는 사람도 있다. 최선을 다해 알려주어도 믿지 않으면 어쩔 수 없다.

정말 'Very Kind' 한 사람은 정성껏 예수님의 존재를 설명하는

사랑
왕따

사람이다. 이 일에 일생을 걸고 전도하는 사람이야말로 진정한 친구일 것이라는 생각을 해 본다.

세상에 나아가 빛과 소금의 역할을 하는 것은 교회 속에서가 아니다. 내가 생활하고 있는 삶의 현장에서 하나님의 사랑을 실천하는 것이다. 잘못되어 가고 있는 곳에 찾아가 썩지 않게 하고, 정직한 삶의 모습을 보임으로써 세상을 정화하는 데에 일조하는 것. 이것이 하나님께서 내게 주신 말씀이라고 여긴다.

크리스천으로서 정직하게 행하고, 모두의 어려움에 도움이 되며, 어두운 곳에 빛을 내고, 정의로운 마음으로 모범을 보이라는 말씀으로 이해되니 그간 나의 역할을 과연 잘 해냈는지 부끄러운 생각뿐이다.

'매우 친절한 사람'이 되는 방법은 이 세상에서 빛과 소금의 역할을 잘 수행하는 것이다. 그리고 이를 위해 나를 강하게 이끌어 주시고 도와주실 분, 성령 하나님께 간구하는 기도를 오늘도 드린다.

포기는 패배자의 변명이다

기업을 경영해 오면서 느낀 점이 많다. 그 중 하나는 많은 사람들이 어려운 일을 당했을 때 쉽게 포기한다는 것이다. 힘든 일이나 손해 보는 일이 있으면 쉽게 포기하고 떠나려 한다. 지식도 많고 외모도 말끔한데도 의외로 겁을 먹고 좌절하는 많은 사람들을 보면서, 어떻게 험한 세상을 이겨낼 수 있을지 걱정이 앞선다.

"포기는 패배자의 변명"이라는 명언을 남긴 사람은 하와이의 전설적인 외팔이 서핑 여걸 베서니 해밀턴이다. 그녀는 어렸을 때 서핑을 즐기다가 상어에게 한 팔을 잃고 목숨만 겨우 건졌다. 자신이 제일 좋아하는 서핑을 포기하게 됐을 때, 다시 한 번 남은 한

팔로 서핑을 시작해 국제 대회에서 최고의 상을 받은 젊은이의 독백이 바로 "포기는 패배자의 변명"이라는 말이다.

TV프로그램에서 작은 키에 네 손가락을 가진 피아니스트 이희아의 연주를 보며 큰 감동을 받았던 기억이 난다. 좌절하고 포기하는 모든 사람들에게 음악으로 희망의 메시지를 전하는 작은 소녀가 왜 그렇게 커 보이는 것일까? 또한 장님으로 미국 백악관 차관보까지 올라 우리에게 희망을 주었던 분의 신앙 간증은 더욱 감동을 주었다. 바로 강영우 박사다.

한국 재벌기업의 창업주들은 대체로 못 배우고, 가난했으며, 좋지 않은 가문 출신인 분들이 많다. 우리가 존경하는 정주영 회장도 밑바닥부터 시작하여 세계적 기업을 이루었고, 한진 그룹의 조중훈 창업주 또한 트럭 운전수부터 시작했다. 신격호 롯데회장 또한 껌 장사부터 시작해 재벌이 되었다. 잘 배우고 부유한 가정에서 시작한 사람은 오히려 매우 적다.

나는 요즘 흙수저라며 자신을 비하하는 말을 제일 싫어한다. 흙수저는 불에 단련되면 더욱 단단해진다. 그러나 금수저는 불에 들어가면 녹아버린다. 흙수저라고 부모를 원망하며 자신을 포기하는 사람은 매우 어리석은 사람이다.

요즘 어머니들은 자식을 위해 모든 것을 다 준다. 각종 학원은

　　　　　　　　　　　　　　　　희망의 끈을 찾아서

성공
포기하지 않는
신정
열정
믿음

물론이고 어학연수나 유학 등 쉴 새 없이 교육한다. 미국에서 고등학교부터 시작해 조지 워싱턴 대학을 졸업한 사람이 우리 회사 신입사원 모집에 응시해 얼마 전에 면접을 봤다. 부모가 상당히 많은 비용을 투자했을 것 같았다. 가정이 그렇게 부유하지 않은데도 부모의 정성은 대단하다는 생각이 들었다.

솔직히 말하면 우리 회사가 원하는 사람은 실력이 좋은 사람이 아니라 회사에 이익을 줄 사람이다. 지식이 좀 모자라더라도 포기하지 않는 눈빛을 가진 사람을 찾고 있다. 그리고 일에 대한 열정이 있는 사람을 원한다. 일에 대한 열정은 지식과는 또 다른 덕목이다.

직업을 뜻하는 영어 단어 '잡'(JOB)은 한 술의 밥이라는 뜻도 가지고 있다. 그러나 콜링(CALLING)이란 단어는 같은 직업이란 뜻이지만, 자신의 일을 사명감을 가지고 한다는 뜻을 갖고 있다. 세상은 열정을 가지고 일하는 사람을 원한다.

성공한 사람의 전기에 빠지지 않고 등장하는 단어가 바로 믿음이다. 하나님이 항상 나와 함께 계시고 나를 도와주신다는 믿음이다. 유대인들은 이 믿음을 바탕으로 자신의 진로를 정하고, 아무리 어려운 일을 당해도 포기하지 않고 일생을 살아간다고 한다. 그래서 세상에서 가장 성공적인 삶을 살아가는 민족이 되었다고 한다. 그들의 성공의 모든 원천은 자신의 어머니가 어렸을 때 들려주었던 성경 이야기다.

"너는 하나님이 택한 백성이고 꼭 성공할 수 있다"는 말을 해 포기하지 않는 자신감을 심어주었기 때문이라고 한다. 미국의 역대 대통령들을 보면 일생에서 제일 잘한 투자가 성경책을 사서 읽은 것이라는 고백이 많다.

성경 속에는 세상을 사는 지혜와 어려움을 극복하는 인내심 그리고 어려움을 전화위복으로 삼아 크게 성공한 사례가 무척 많다. 성경이야말로 세상을 이겨내는 힘의 원천이라고, 성공한 사람들은 이구동성으로 이야기한다.

이 세상에서 성공하는 비결을 간추려 본다면, 첫째 포기하지 않는 정신, 둘째 일에 대한 열정, 셋째 믿음을 가지고 살아가는 것이다. 이 세 가지는 필수 조건이다. 지식이 조금 부족하더라도 일생을 살아가는 데에 약간 불편할 뿐이다.

그러나 이 세 가지 중 어느 한 가지라도 부족하면 성공적인 인생을 살았다고 말하기는 힘들 것 같다는 것이 나의 솔직한 심정이다. 나는 이것을 경험을 통해 확신하고 있기 때문이다. 이 사실을 깨닫고 지켜갈 수 있도록 도움을 주시는 하나님께 진심으로 감사드린다.

교회와 헌금

신문에 실린 어느 대형 교회 목사님의 글을 읽게 되었다. 새로운 교인이 입교를 하면 우선 십일조 헌금하는 것부터 철저히 가르쳐야 된다는 내용이었다.

자신의 가장 중요한 것부터 포기하고 하나님께 헌신하는 것은 매우 중요한 일이며, 교회에 돈 쓸 곳도 너무나 많다는 것이 요지였다. 그 글이 내게 썩 와 닿지 않았다.

신앙을 시작하는 새 신자에게 너무 큰 부담을 주는 것은 아닌가 하는 생각과, 이로 인해 신앙생활을 포기하면 어쩌나 하는 우려 때문이었다.

초대 교회에서는 율법을 이방인들에게 강요할 것인가에 대해 논의했다. 특히 할례 문제는 심각했다. 바울과 바나바는 이방인 교인들을 율법에서 해방시켜 주자고 주장했고, 베드로 또한 같은 생각이었다. 야고보 사도는 피와 음행 등 몇 가지를 멀리 하라는 절충안을 내어 이방인 교인들의 짐을 덜어주자고 주장했으며, 안디옥 교회에 이를 통보해 주었다. 그리하여 이방 전도의 길을 좀 더 쉽게 열어주었다.

헌금 문제는 종교 개혁의 큰 원인이 되기도 했다. 루터는 천주교에서 시행하고 있던 면죄부 판매 문제를 큰 동기로 삼아 교회 개혁에 착수했고 이는 오늘날 개신교의 시작이 되었다. 당시 교회는 베드로 성당 건축 등 돈 쓸 곳이 너무 많아 이상한 교리를 만들기도 했다. 동전이 떨어지는 소리와 함께 연옥에 있던 부모님이 천국으로 이동한다고 하니 너도 나도 면죄부를 샀다. 그리고 이에 반대하는 세력은 종교 개혁을 이루어 냈다.

세계사를 보면 교회는 부유하고 권력이 강할 때 가장 부패했고 쇠퇴했다. 하지만 박해가 심하고 어려울 때 교회는 강하고 힘 있는 영적 능력을 갖추어 왔다.

현재 한국은 세계적인 모범 성장 국가이지만 요즘 한국 교회의 도덕성은 돈 문제, 여자 문제, 세습 문제 등으로 국민으로부터 존경받지 못하고 있다.

기독교 교인 수는 급속히 줄어들고 있다. 많은 신학자들이 교인의 영적 성장 문제가 교회의 외적 성장보다 중요하다고 말한다. 사회 참여나 선교 문제 등에 앞서 영적으로 성숙한 교인을 만드는 문제가 가장 중요하다고 강조한다.

어느 교회 집사 한 분이 50년 이상 나오던 교회를 더 이상 나오지 않고 동네 교회로 옮겼다고 해서 어느 장로님이 그 분과 이야기를 나눈 적이 있다고 한다.

그 집사님은 "십일조를 내지 않는다는 이유로 장립집사 대상에서 삭제되고 온 교인들 앞에 자신을 부끄럽게 만들었는데 어떻게 교회에 나올 수 있느냐"고 항의했다고 한다.

젊었을 때에는 자신의 월급 전부를 교회에 헌금했던 적도 있었고 몇 십 년 동안 성가대에서 봉사하고 있었다고 한다. 하지만 정년퇴직 후 수입이 매우 적어져 교회에 올 때 드는 교통비마저 부담이 된다고 말했다.

그 장로님은 우선 자신의 무능함에 슬펐고, 잘못된 일임에도 교회 방침을 바꿀 힘이 없다는 것에 또 한 번 슬펐다고 한다. 수십 년간 교회에 봉사하고 헌금했는데 노년에 수입이 없을 때 교회가 배려는커녕 좌절감을 준다고 생각하니 가슴이 아팠다고 한다.

   희망의 끈을 찾아서

가난한 나라 선교
새 교인 전도
사회 복지
내 교인 돌보기

목사님의 인격과 설교가 자신에게 감동을 주지 못하니 자신의 신앙 유지를 위해 교회를 떠나겠다는 하소연은 듣는 사람의 마음도 아프게 했다.

과연 십일조 문제가 그렇게 교회에서 중요한 것인가 생각해 보는 계기가 되었다. 있는 사람만 인정받고 대우받는다면 초대 교회가 갖고 있던 잘못된 면이 아직도 해결되지 않은 것인가 하는 의구심이 들었다.

유럽이나 많은 나라들은 십일조는 없으나 종교세라고 하여 월급에서 약간의 세금을 낸다. 우리 교인들에게만 과도한 짐을 지우는 것이 아닌지 다시 한 번 생각해 보는 계기가 되었다.

웬만한 교회 헌금 봉투 종류는 십일조 말고도 선교헌금, 맥추헌금, 천일기도헌금 등 10여개가 넘는다. 교회가 한 번쯤 가난한 교인들의 입장에서 생각해볼 수 있도록 제도 개선이 있으면 어떨까 한다. 어려움에 빠진 교인, 생계가 어려워진 노년의 교인들에게 교회가 도움의 손길을 뻗을 수 있는 그런 제도 말이다.

이제 교회의 역할에는 가난한 나라 선교, 새 교인 전도, 사회 복지와 더불어 내 식구 내 교인 돌보는 제도 또한 필요한 때다.

희망의 끈을 찾아서

포켓몬과 신앙

요즘 세계적으로 열풍이 불고 있는 '포켓몬 고'라는 게임이 있다. 이 게임은 스마트폰 증강 현실 게임이다. 증강 현실이란 실제 사물 위에 가상 이미지가 함께 보이는 기술이다. 게임을 통해 거리를 보면 이곳저곳 귀여운 괴물이 살고 있는 게 보이는데 이 괴물을 잡는 것이 게임의 출발이다.

우리 공장의 생산 여직원이 조치원 시내에 나갔다가 포교를 하는 사람에 이끌려서 한 종교단체 건물에 들렀다고 한다. 그들은 여직원에게 누가 제일보고 싶은지 물었다.

그녀는 자신을 어렸을 때 키워준 할머니가 보고 싶다고 말했다.

그러자 잠시 주문을 외운 후 할머니의 영상을 잠시 보여주었고, 다음에 오면 좀 더 길게 보여 준다고 해서 다음 날도 그 다음 날도 찾아가 할머니를 잠시 보았고 결국 큰 헌금을 약속하게 되었다.

그 여직원은 회사에 와서 직원들에게 돈을 꾸어 헌금을 냈으나 그마저도 돈이 부족해 어느 지방의 신전 건축을 하는 곳으로 끌려가 무상노동을 하던 중 가까스로 그곳을 탈출하여 집으로 돌아왔다.

그녀는 퇴직금을 받기 위해 어머니와 함께 회사를 방문했다. 그러나 미리 대출받은 돈이 많아 퇴직금을 받지 못하고 되돌아 갈 수밖에 없었다.

여직원이 종교단체서 본 것이 영혼을 불러내는 초혼의 능력을 본 것인지는 모르겠다. 우리 사회 뒷면에는 귀신이 함께 산다는 이야기로도 연결이 된다.

나는 이것이 증강 현실이란 게임을 개발한 것과 연관이 있지 않나 생각해본다. 이 게임은 원래 일본 닌텐도가 1996년에 실시해 큰 인기를 얻었던 게임이다.

일본은 도처에 귀신이 있다는 믿음이 있다. 해방 직후 우리나라도 이 영향을 받아 장독대는 장독대귀신, 주방에는 주방귀신, 화장실에는 뒷간귀신이 있다고 믿고 조그만 제물을 차려놓은 집들

희망의 끈을 찾아서

하나님의 뜻
바르게 사는 방법

이 많았다. 이것이 이런 게임이 된 것이다. 일본의 귀신 문화가 휴대전화를 통해 세계문화의 주류로 들어온 것이다.

하나님의 말씀이 왕성해야 되는데 귀신 문화가 하나님 문화 대신 인류의 생각 속에 자리를 잡아가는 모습에 대한 우려의 목소리가 크다.

재미도 좋으니 우리 어린이들이 귀신 문화에 익숙해질까 매우 걱정스럽다. 귀신과 접하다 보면 아주 쉽게 귀신문화에 빨려들어갈 수 있다. 모세의 군대가 여리고 성을 점령할 때 하나님은 남자는 물론 여자와 어린아이, 동물까지도 살육할 것을 명령했다.

이것을 보고 "하나님이 얼마나 잔인한 신인가"라고 많은 반기독교 학자들이 공격했다. 그러나 이것은 귀신 문화에 길들여진 여리고 백성의 문화로 이스라엘 백성이 타락할 것을 우려한 하나님의 사랑의 지시였다. 그 당시 여리고는 동물과의 성교 그리고 동성애가 매우 유행했다고 한다.

우리가 사는 현재의 세계에도 똑같은 현상이 있다. 앞에 보이는 현상 이면에는 또 다른 내용이 있다. 겉은 아주 좋아 보이나 뒷면을 보면 아주 다른 내용이 있을 수 있다. 경영자는 그것을 간파하여 이면 세계를 통찰하여 경영 전략을 짜야한다.

우리가 모르는 이면 세계를 간파하는 것을 통찰력이라고 한다.

그래서 보이는 것은 가짜이고 보이지 않는 것이 진실이라는 경영 술어가 나왔다. 신앙이란 바로 보이지 않는 하나님을 찾아내어 믿고 따르는 것이 아닌가 생각해 본다. 하나님은 보이지 않지만 우리의 믿음의 눈으로 보면 언제나 우리와 함께 계신다. 그리고 이것을 확신시켜주고 하나님의 뜻을 알게 하는 것이 하나님의 말씀인 성경 말씀이다.

성경은 하나님의 뜻을 알려주시고 우리가 바르게 사는 방법과 자식을 교훈하는 교과서가 되고 우리 인생 전체를 이끌어 갈 정체성을 확립시켜주는 바이블이다. 하나님의 말씀인 바이블을 공부시켜 귀신의 문화인 포켓몬의 유혹으로부터 우리와 우리 자녀를 보호해야겠다.

"하나님, 이것을 알려주셔서 감사합니다."

3

진정한 승리의 의미를 발견하자

요즘 동성애가 당당한 정체성으로 인지되며 세상 속에서 그 모습을 드러내고 있다. 인권이라는 이름하에 동성애가 권장되니 종족 보존이 되지 않을지도 모르겠다는 우려가 드는 것은 나만의 생각일지 모르겠다.

신화의 비신화를 위한 설교

16세기 이후 기독교는 하나님 중심의 신학에서 인간 기준의 신학으로 바뀌었다. 예전에는 인간의 모든 가치 기준이 하나님이었고, 인간에게는 이것을 따르고 이해하려는 노력이 종교 생활의 전부였다. 그 중심에는 성경이 있었고 성경은 절대 무오(無誤)하다는 생각이 지배적이었다.

그러나 르네상스가 시작되면서 철학 사조는 이성주의, 인본주의로 바뀌었고, 신학 또한 성경 내용 중 인간의 이성에 맞는 것만 믿는 인본주의 신학이 탄생하였다.

기독교의 형태 또한 세속화되어 현지 민족의 무속 종교와 연합

되는 경향을 띠게 되었던 것이다. 그 나라가 갖고 있는 무속 종교와 기독교 사상이 절묘하게 조화를 이루면서 기독교는 새로운 혼합 종교의 형태를 나타내게 되었다.

기독교가 세계 선교를 위해 당시 정치적으로 유행했던 식민지 지배와 더불어 전 세계로 진출하면서, 제3세계에서는 식민지 찬탈과 동시에 기독교가 전파되는 바람에 민족적 저항을 받는 시련을 겪기도 했다. 그 틈을 이슬람이 파고들어 인도네시아 등 여러 국가에 이슬람이 자리 잡았다.

기독교의 핵심을 성경이 역사적인 사실인가 아닌가로 판단하기 시작한 인본주의적 성경관이 독일 신학자들로부터 번성하기 시작했고, 그 영향으로 인해 절대 권위였던 기독교의 핵심인 성경과 하나님의 말씀을 인간의 잣대로 평가하기 시작했다.

성경 중 역사적 사실이 아니라고 판단한 부분을 신화로 규정하고 하나님과 성경의 권위를 떨어뜨렸다. 그 결과 기독교는 독일부터 무너져 갔고, 유럽도 이 영향을 받아 기독교가 사양화되기 시작했다. 많은 교회가 레스토랑이나 술집 등에 매각되는 현상이 나타났다.

"신화를 비신화로 설교하라"는 메시지는 결국 성경을 '사실이 아니며 교훈 정도로 받아들이는 참고용 책'으로 전락하게 만들었

세속화
?
인본
주의

다. 그리고 이러한 세속화는 지금도 진행되고 있다.

미국의 신학도 인본주의 신학으로 변했다. 로버트 쉴러(Robert H. Schuller) 목사의 수정교회(Crystal Cathedral)도 수많은 관광객들이 찾는 명소로 번성하다가 이제 경매에 매물로 올라 천주교로 넘어가고 말았다.

릭 워렌(Rick D. Warren) 목사의 새들백 교회(Saddleback Church)도 일부에서는 여러 가지 문제점이 있다는 지적이 나오고 있다. 정통 복음주의 신학의 본산이었던 미국이 이제는 세속화가 되어 인본주의 신학이 주류를 이루고 있다고 보는 견해이다.

미국교회는 점점 약해지고 있다. 점점 크리스마스 캐럴이 사라지고 "메리 크리스마스"라는 인사도 하지 않는다는 새로운 풍속도가 신문을 장식한다.

성경 무오설을 믿고 예수 그리스도만이 유일한 구원이라 말하는 소위 정통 기독교 교인들은 테러리스트 2급으로 분류되어 위험 인물로 간주되며, 동성애자를 폄하하는 설교를 하는 목사는 즉시 고발 조치되어 경찰이 설교 내용을 간섭하는 단계까지 와 있다.

이 모든 것을 보면서 "미국이 과연 지금 기독교 국가가 맞는가"라는 목소리가 나오고 있다.

이제 세계에서 예수님을 유일한 구원의 길이라고 믿는 국가는

　　　　　　　　　　희망의 끈을 찾아서

대한민국뿐이라는 신학자들이 많다. 한국의 보수교단들은 정통 기독교의 성경을 하나님 말씀으로 믿으며, 구원에 이르는 유일한 길은 예수 그리스도라고 믿는다.

그러나 이를 가르친 목사님들도 이제 10여 년만 지나면 사라진다. 젊은 세대의 목사님들은 과연 어떤 신학을 배워 왔을까? 성경의 절대성을 믿는 신앙의 세대도 점점 사라지고 있다. 한국의 젊은이들이여, 어떤 신앙을 이어받기를 원하는가?

세계에서 유일하게 남은 그루터기는 한국이다. 성경을 하나님 말씀으로 믿고 하나님의 주권을 인정하는 정통 신앙을 지켜 가자. 성경을 더 공부하고 더욱 더 기도하라고 외쳤으면 좋겠다.

그리고 잠시도 이를 게을리 하지 말자. "세대가 악하다"는 성경 말씀을 기억해야 한다. 어떠한 세속 주의적 인본주의 신학으로 가르침을 받아도 올바른 방향으로 이해할 수 있는 성경 지식을 쌓자.

"성경을 신화로 가르치는 설교가 있어도 분별할 수 있는 능력을 주시옵소서"라고 깨어서 기도하자. 성경은 사실이며 신화가 아니다.

"어떤 구절은 사실이며 어떤 구절은 신화"라는 가르침은 하나님의 가르침이 아니다. 예수님 이외에도 구원이 있다는 신학은 정통신학적 입장에선 결코 용납해선 안 된다고 생각한다. 오늘도 역사를 주관하시는 분은 오직 하나님이시다.

거지 나사로와 회장님

성경에는 거지 나사로 이야기가 재미있게 서술되어 있다. 거지 나사로는 부잣집 문 앞에서 버려지는 음식물로 평생을 살았지만, 죽은 다음에는 천국에 올라가 아주 행복한 삶을 이어간다는 이야기다.

반대로 부자는 지옥으로 가서 고통을 받았다. 지옥에서 그는 목이 타고 있으니 단 한 방울의 물이라도 달라고 청하나 거절당한다. 또한 자신의 고통을 살아 있는 자식들에게 알려달라는 요청마저도 거절당한다. 살아 있는 동안의 삶이 아무리 부유했어도, 그 의미는 크지 않다는 것을 알 수 있다.

TV에서 대기업 총수였던 분이 휠체어를 타고 많은 직원과 함께 이동하는 장면을 보았다. 그분은 자수성가하고 수십조 원의 돈을 벌었으나, 두 아들의 싸움을 바라보며 처량한 마음을 감추지 못하는 것 같았다.

두 아들 중 한 명은 '우리 아버지는 병 치료를 받아 판단력이 확실치 못한 것 같다'고 이야기한다. 마치 자신의 아버지를 무능력자로 취급하는 것 같다는 느낌이 들었다. 그런데 이 분이 어떤 자선활동을 크게 했다거나 종교를 갖고 있다는 이야기는 들어본 적 없다. 인생이 어쩐지 측은해 보인다.

그 회사에서 열심히 일하는 직원들의 밝은 모습을 볼 때, 과연 누가 행복한 인생을 살고 있는 것인가 생각해 본다. 또한 돈이 과연 인생의 전부일까 하는 의구심도 가져본다.

요즘 학생들은 정말 바쁘다. 영어 학원, 수학 학원, 바이올린, 피아노, 축구 등등 정말 바쁘다. 초등학교를 졸업하면 좀 나아질까 싶었는데 이제는 대학 입시로 수학, 영어, 국어 공부에 매진한다. 그리고 대학 졸업 후에는 좋은 스펙을 위해 자격증 학원을 다니며 인생을 산다. 그런데도 취직은 되지 않고 희망이 없다며 탄식한다.

최근 신입사원 면접을 보면서 스펙 좋고, 인물 좋고, 영어 잘하는 사람이 어쩜 그리 많은지 무척 놀랐다. 모두 정말 훌륭한 인재다. 그러나 뽑을 인원은 한정돼 있다. 불합격한 분들에게는 미안한 마음이 크다.

면접을 보는 동안 그 사람이 직장에서 할 일을 생각해 보면 그렇게 많은 자격증은 사실 필요치 않다. 해외 사업 부문을 뽑을 때에는 영어를 할 줄 알고 인성이 좋은 사람인지만 눈여겨본다. 국내 영업 부문을 뽑을 때에는 열정을 갖고 있는지가 가장 중요하다.

다른 스펙은 기본 실력만 갖추면 된다. 다만 어느 분야를 채용하든 간에 그 사람의 인성이 어떠한가는 아주 중요하게 생각하고 열심히 챙겨 보려 애쓴다.

나는 인성을 무척 중요하게 여긴다. 다른 사람을 배려하는 마음을 관리자가 가져야 할 제일 큰 덕목으로 본다. 이 인성을 EQ라고 한다. 다양한 지식은 단 몇 년만 지나도 금세 변하며, 이러한 현상은 특히 경영학에서 더욱 두드러진다.

하지만 EQ는 지식과는 다른, '사람의 능력'이다. EQ는 감사하는 마음, 사랑하는 마음이며 좋은 인간관계를 이룰 때 생긴다. 화목한 가정생활이나 돈독한 교회생활 등 여러 사회 활동을 통해 형성된다. 또한 좋은 독서를 통해서도 이루어진다. 독서 중에도 성경이 가장 효율적인 지도서라고 이야기하는 학자들이 있다.

     희망의 끈을 찾아서

감사, 사랑
좋은 관계

성경은 이 세상뿐만 아니라 저 세상에서도 통하는 영구 불멸의 하나님 말씀이다. 성경을 통해 하나님과 나의 관계에서 비롯되는 평안을 느낄 수 있다. 이것이 바로 샬롬이다.

이 샬롬은 세상을 살아가는 데에 중요한 기둥이 된다. 물질적 부를 위해 일생을 바쳐 대성공을 거둔 회장님과는 대조적으로, 하나님과 샬롬을 이룬 나사로의 이야기는 큰 감동을 준다.

이 세상에서 무언가 해야 할 사명을 갖고 태어났다면, 하나님과 샬롬을 이루고 그 분의 보호 아래 살아가고 싶다. 세상의 명예와 부를 위해 노력하다 지쳐 쓰러졌을 때, 그분의 힘으로 일어선 때가 많았다. 좌절의 순간에도 그분과의 단단한 관계만 있다면 아무런 걱정이 없었던 것을 기억한다.

거지 나사로는 비록 무능했을지 몰라도 현명했던 사람이었다. 반면, 부자는 유능했지만 현명하지는 못했던 사람이다. 나도 슬기로운 사람이고 싶다. 오늘도 하나님의 동행에 감사하지만 세상일로 근심하다 정작 중요한 샬롬을 잊고 지낼 때가 많다. 인간이기에 어쩔 수 없다고 생각하면서도 다시 정신을 차리고 살아가는 내 모습을 돌아보며, 나사로와 회장님의 교훈을 되새겨 본다.

크리스마스가 왜 이리 썰렁해요

요즘 주변에서 자주 받는 질문 중의 하나가 "크리스마스가 왜 이리 썰렁해요?" 이다.

어떤 사람은 경기가 나빠지니까 그런 것 같다고 하고 어떤 사람은 기독교가 평판이 나쁘니 사람들이 크리스마스의 의미를 좋아하지 않는지 모르겠다고도 이야기한다.

이런 경향은 미국도 마찬가지이다. 요즘 '메리크리스마스'를 이야기하지 않고 다만 '해피뉴이어'만 이야기한다고 한다. 이유인즉 이슬람의 테러 때문에 그들을 자극하지 않기 위해서라고 한다. 정말 그럴까. 이슬람교도 예수님을 선지자 중 한 명이라고 믿고 있다.

예전에 이스라엘을 여행하다 보면 이슬람교도들이 예수님 유적지와 구약에 나오는 인물들에 대한 유적지를 파괴한 곳이 한 곳도 없다. 이유인즉 그들도 그 선지자들을 자신의 종교의 일부로 받아들이기 때문이라고 한다.

그러면 그 성대했던 기독교 문화가 미국에서 사라지는 이유는 뭘까.

16세기 이후, 하나님 말씀인 성경이 인간 행동의 기준이 되었고 사람들의 사상의 중심이었다. 말씀은 절대 권위였었고, 그것을 따르지 않으면 사회생활을 적응하지 못했던 시대였다. 그러나 16세기 이후 르네상스라는 인간 중심의 사상이 싹트면서 하나님의 말씀인 성경을 인간의 잣대로 평가하는 철학과 신학이 독일에서 움텄다.

이것을 우리는 계몽주의라고 한다. 칸트를 비롯한 유명한 철학자들이 이 시대를 열었다. 인본주의 신학이 발달하면서 성경을 역사적 사실이 아닌 신화나 설화로 인정하는 자유신학이 발달하면서 신본주의적 정통신학을 대신하게 되었고, 성경이라는 단어 대신 성서라는 단어를 쓰면서 성경의 권위가 떨어졌다. 그리고 사회 빈민운동, 봉사 등 인간이 주가 된 신학이 나온다.

기도
기도
썰렁

심지어 빈민만 염두에 둔 민중 신학도 등장한다. 이제 하나님의 말씀은 인간에 의해 판단되고 구약 성경은 신화적인 요소가 많다고 하여 일부 신학자들은 이스라엘 무협지라고도 하는 부류가 생겼다. 그래서 교인들은 더 이상 성경말씀이 하나님 말씀이 아니라고 생각하고, 하나님 없는 교회에 나갈 이유를 잃어버렸다.

그때부터 독일의 교회와 성당의 교인은 급감했고 또 영국 등의 유럽이 기독교 몰락의 증상을 보였다. 이 신학이 미국에도 상륙하며 많은 교회가 이를 받아 들였고 예수님 없는 기독교가 되어가니 기독교 문화가 중심이던 미국도 서서히 기독교문화와 크리스마스의 행사에 뜸해지게 되었다는 신학자의 의견이 제시되고 있다.

요즘 미국의 보수 신학자들은 동성애 등을 강하게 반대하지만 이미 종교 다원주의와 자유 신학이 주류된 이때, 오바마는 동성애를 인권이라고 하며 법안 통과를 이루고 이제 보수주의 목사님 설교 중 동성애를 폄하하는 설교를 하면 즉시 고발당하는 미국이 되었다. 이제 예수님이 유일한 구원의 길이라고 이야기하는 교인들을 정통 기독교인이라고 칭하며 테러리스트 중의 하나로 취급하는 분위기다. 어쩌다 미국도 이 지경이 되었는지 모르겠다. 이 자유신학이 한국에도 들어와 만연하고 있다.

한국에서도 진보적인 교회 단체가 동성애를 왜 보호하지 않는지 이야기 해보자는 의제를 꺼냈다. 물론 이 단체가 속한 교회가 많지만 아직 한국의 교인들이 이런 목회과 전혀 다른 생각을 하고 있음을 알고 아주 조심스럽게 접근하고 있다. 많은 한국의 교인들은 하나님의 말씀이 바로 성경이라고 믿는다. 그러나 젊은 목회자 중에는 자유 신학을 공부한 목사들도 매우 많다. 세월이 지나면 정통 신학자는 점점 줄어들고 자유 신학이 한국을 이끌어 갈 것이다.

예수님 없는 성탄은 정말 쓸쓸하다. 그래도 성탄의 즐거움을 기다리는 한국의 성도들의 뜨거운 신앙이 있기에 금년의 크리스마스는 쓸쓸하지 않다. 그루터기는 남아있다. 그러나 앞으로가 문제다.

성경이 하나님 말씀이라고 확신하는 남겨진 자와 성령의 동행이 계속된다면 우리 한국의 교회는 희망이 있다. 우리가 바로 한국의 희망이고 남아있는 자들이다.

앞으로 더욱 정신차리고 깨어 기도하자. 그리고 미국, 유럽에 우리의 전통 신앙을 다시 전하자.

따뜻한 헌신

2015년 말이었다. 어느 기독교 방송사 선교국에 허름한 차림의 할머니 한 분이 찾아오셨다. 그리고 자신이 그동안 살아온 이런 이야기, 저런 이야기를 끝없이 늘어놓았다고 한다. 선교국 담당자는 그래도 방송사를 찾아주신 것에 감사해 따뜻한 커피를 대접하고 이야기를 다 들어주었다고 한다.

할머니는 거의 한 시간 이상을 이야기하고 돌아가셨다. 떠나면서 "선교 헌금 1억 원 정도를 모아 놓은 것이 있는데 어느 곳에 드릴까 생각하고 있다."고 말했다고 한다. 직원은 대수롭지 않게 생각하고 있었는데 다음 날 방송사 계좌번호로 정확히 1억 원이 입

  희망의 끈을 찾아서

금되었다고 한다.

할머니는 자신의 모든 재산을 기부하려고 이 단체, 저 단체를 다니다 이 방송사에 들르게 되었고, 어느 곳보다 더 따뜻하게 대해 준 이 방송사에 돈을 보낸 것이다. 따뜻한 커피 한 잔 값이 1억 원의 헌금이 된 이야기다.

또 어느 선교단체의 이야기도 해주고 싶다. 이 단체는 보증금 5000만 원을 더 내지 않으면 지금까지 쓰고 있던 사무실에서 쫓겨날 입장이었다. 그래서 아침 기도모임에서 이 사정을 이야기하고 조금씩 헌금하시면 고맙겠다는 광고를 했다.

100명 정도 모이는 기도모임이라 사실 5천만 원의 헌금이 준비된다는 것은 모두 어려울 것이라 생각했다.

다음 날 어느 권사님 한 분이 5천만 원을 들고 선교사를 찾아와 "내가 좀 큰 전셋집에 살고 있는데 집을 줄이기로 했으니 이 5천만 원을 사용하시라"고 했다.

선교사는 "이 돈은 너무 커서 받기 어렵다"며 그 자리에서 거절했다고 한다. 또 다음 날 어느 신도가 5천만 원을 들고 찾아와 "나는 형편이 좀 나은 편이니 받아 달라"고 했다. 그러나 선교사는 "이 돈이 너무 큰돈이라 받을 수 없다"며 또 거절했다.

이런 사정을 알게 된 기도회에 참석했던 분들이 결국 조금씩 돈을 모아 5천만 원의 보증금을 마련했다고 한다. 그 선교단체는 여기에 힘을 얻어 사무실 개조공사까지 시작했다.

이 모습을 보니 한국 성도들의 깊은 신앙심이 느껴져 눈시울이 뜨거워졌다. 한국에는 이처럼 헌신하는 성도들이 많다. 한국 성도들의 믿음은 세계 어디에서도 본이 될 만하다.

미국이 한국에 선교사를 처음 보낼 때 어느 성도 한 분이 아펜젤러 선교사가 한국으로 간다는 소문을 듣고 그간 한국 선교를 위해 모았다며 헌금을 해 미국교계를 감격케 했다. 한국을 선교하시려는 하나님의 계획을 뒷받침하는 성도들의 노력은 우리의 생각을 뛰어넘는 경우가 많다.

이러한 따뜻한 헌신은 하나님을 기쁘게 하고 하나님의 뜻을 이 땅에 이루게 하는 보람된 헌신이다.

2016년을 맞으면서 이런 따뜻한 헌신의 일화들을 전하게 되어 나 자신도 무척 기쁘다. 정말로 진실한 마음으로 선교하고 기도한다면 전능하신 하나님은 반드시 그 길을 열어 주시고 하나님의 뜻을 이 땅에서 이루어 가신다는 것을 다시 한 번 확인했다.

그런데 모 교단에서는 십일조 헌금을 내지 않으면 피선거권을 주지 않고 교인자격을 제한한다는 안건을 총회에 제출하려 했다는 소식도 들은 적이 있다. 그리고 어떤 교회에서는 장로나 권사

　　　　　　　　　　　　　　희망의 끈을 찾아서

깊은 신앙심

선출 때 십일조를 문제 삼아 권리를 제한한다는 이야기도 들린다.

왜 그럴까? 하나님의 일이라면 아끼지 않는 한국 교인들인데. 오히려 그렇게 강제하면 부작용이 더 클 것이란 생각을 해본다.

물질이 정말 하나님의 뜻대로 잘 사용된다는 확신이 생기면 얼마든지 따뜻한 헌신을 할 성도들이 참 많다. 교회가 헌금을 하나님 사업에 올바르게 쓴다면, 돈 때문에 교회가 고통 받는 일은 없으리라 확신한다.

교회는 예배하는 곳으로 말씀과 기도로 시작되고 전도로 이어져야 한다. 가난한 자, 고통 받는 자, 과부, 고아들을 돕는 봉사에 더욱 힘쓴다면 선한 성도의 따뜻한 헌신이 차고 넘쳐날 수 있다는 것을 또 한 번 느낀다.

십일조를 얼마나 내느냐보다, 이 십일조가 어떻게 쓰이느냐가 더욱 중요하다. 하나님의 뜻을 이루는 데에 헌신하는 한국의 교인들에게 존경을 보낸다.

기독교인의 커밍아웃

며칠 전, 정치인 한 분과 점심식사 중 우연히 동성애 이야기가
나왔다.

미국에서 동성애 차별금지법이 통과되면서, 목회자들이 성경에
서 동성애자에 대해 어떻게 말씀하는가를 설교하면 금방 차별금
지법으로 고발을 당할 수 있다고 한다.

따라서 처벌을 받지 않기 위해 동성애가 잘못됐다는 설교를 못
하고 있다는 이야기를 들어 마음이 불편했다. 또한 노상에서 전도
를 하면 다른 종교와 차별이 생긴다는 이유로 법에 위배되기 때문
에 전도도 힘들어 졌다고 한다.

한 제과점 주인이 어느 동성애자의 결혼식 축하 케이크 만드는 것을 거절해 막대한 벌금을 물게 되었다는 신문기사를 모두 접했을 것이다.

성경에서는 동성애를 하나님의 창조질서를 무시하는 매우 중대한 범죄라고 규정하고 그렇게 가르쳐 왔다. 이것을 설교하지 못하면 우리 기독교는 과연 어디로 가야할지 모르겠다. 또한 전도하는 행위가 타 종교에 대한 차별이 되어 법에 저촉된다면 전도 자체가 불법화되는 경우마저 생길는지 모른다.

동성애는 당사자 입장에는 어찌할 수 없는 부분이라고 하지만 스스로의 노력으로 고칠 수도 있다는 의학계의 논문이 여러 편 나왔다. 힘들겠지만 노력하고 신앙생활을 한다면 얼마든지 변화될 수 있다고 본다. 그런데 무조건 동성애자를 이해하고 허용해 주자는 분위기는 어린 청소년들에게 좋지 않은 영향을 주게 된다. 더구나 이런 사회 분위기가 조성되는 것은 매우 비교육적이다.

우리 국회에도 이 차별금지법이 몇 번 제출된 적이 있다. 그런데 이 법을 찬성하는 국회의원 수가 적지 않다고 한다. 인권이 우선이라는 이유에서다. 소수인 동성애자들의 인권도 중요하지만 많은 선량한 자녀를 둔 부모님들의 인권도 중요하지 않을까?

물론 차별금지법이 통과되면 기독교의 존립 자체도 상당 부분

  희망의 끈을 찾아서

힘들어 진다. 그 정치인에게 "당신도 이 법에 찬성하느냐"고 물었더니 자신은 기독교인이라 절대 반대운동을 펼쳤다고 한다.

"비공식적인 통계이지만 국회의원 중에 거의 과반수가 자신을 기독교인이라고 하는데 과연 그 법이 통과되겠느냐"고 했더니, 정치인은 웃으면서 한 기독 국회의원의 사례를 들려주었다.

그 국회의원은 "우리 교회 목사님은 동성애가 왜 문제가 되느냐고 설교를 하신다"면서 "나는 이 법에 찬성한다"고 말했다는 것이다. 기독교인이면서 이런 중요한 사안에 의견을 달리 하는 것은 도무지 이해가 되지 않는다고 나는 말했다.

기독교인이라고 하는 그 국회의원은 표를 받기 위해 교회를 방문하는 이른바 '방문 국회의원'이 아닌가 생각된다. 때만 되면 감사 헌금과 함께 얼굴을 내미는 기독 정치인이 생각난다.

각종 모임이 많이 이어진다. 나는 이런 모임에서 자신이 기독교인이라고 자신 있게 이야기하는 사람을 별로 만나보지 못했다. 그 많은 기독교인들이 다 어디로 숨었는지 모르겠다. 천만 명 이상 된다는 기독교인들이 모임에서는 보이지 않는다.

반면, 교회를 공격하고 기독교인을 공격하는 안티 기독교인은 왜 그렇게 많은지 모르겠다. 사실 그들도 기독교인인 경우가 많다. 심지어 현재 교회에서 직분을 받은 사람들도 많다. 그런데 왜

차별금지법?

자신이 기독교인임을 숨기고 있는지 모르겠다.

여러 사람 앞에서 하나님을 높이면 하나님이 그 사람을 높이시고 영화롭게 하신다는 성경 구절을 모르는 것인가. "여러 사람 앞에서 나를 시인하면 나도 하나님 앞에서 너를 시인한다"는 예수님의 말씀을 기억하지 못하는 것인가.

'하나님, 올해 저는 하나님을 모든 사람 앞에서 시인하고 당당하게 기독교인임을 나타내겠습니다.'

새해를 맞아 다짐하고 또 다짐해 본다. 주님을 내가 시인하지 않으면 누가 시인할 것인가.

'주님 어디로 가십니까?' 라는 뜻의 쿼바디스(Quo Vadis)라는 단어가 떠오른다. 베드로가 십자가를 지러 다시 로마로 들어가는 영화의 한 장면이 떠오른다. 그리스도를 영광스럽게 시인하고 당당하게 기독교인임을 커밍아웃하는 교인들이 많아지기를 기대해 본다.

2016년은 당당한 기독교인들이 문화를 바꾸고 사회를 바꾸는 한 해가 되기를 기도해 본다.

기독교인의 색깔

　인사철이다 보니 많은 사람을 만나고 면접을 본다. 그러다 보면 이력서 상의 종교란을 유심히 살피게 된다. 대체로 그 사람이 믿고 있는 종교와 그 사람의 인격은 일치할 때가 많다.

　그런데 요즘 이력서들을 보면 왜 그렇게 무교인 사람들이 많은지 모르겠다. 몇 년 전만 해도 불교, 유교, 기독교 등 종교가 있다고 말하는 사람이 많았는데 요즘은 거의 없다고 한다.

　이유를 생각해보니 젊은이들이 종교를 가질 기회조차 없이 바쁘게 살아온 것 같다. 영어, 수학 등 시험공부에 온 삶을 걸어 왔던 것은 아닐까. 자신의 인생을 길게 보고 설계할 시간이 없었던

　　　　　　　　　　　　　희망의 끈을 찾아서

것이다.

종교 서적이나 철학 서적들은 읽지 않고 짧은 글과 만화, TV, 스마트폰 등에 시간을 뺏겨 그런 사치스런 생각을 못해 봤다는 젊은이들을 보니 측은해진다.

"젊은이여 꿈을 가져라"라는 교훈은 2~30년 전 학교 곳곳에 붙어 있던 표어에 불과해졌다. 꿈을 잃은 젊은 세대가 이젠 종교도 희망도 잃은 세대로 변모해 가는 것 아닌가 걱정이 된다.

불교를 믿는다고 대답한 청년에게 왜 불교를 믿느냐고 물어보았다. 그러자 어머니가 계속 절에 다니셨고 자신은 그저 한 해에 한 번쯤 절에 가는 것이 전부라고 한다. 불교를 믿는다고 하는 젊은이들이 "불경은 잘 모릅니다."라고 답하는 경우가 대부분이다. 과연 이들을 불교 신자라고 할 수 있을까?

유교라고 대답한 사람들은 대개 집안 대대로 제사를 지내고 있어 모두 유교라고 믿고 있다는 답변을 한다. 하지만 "교리는 잘 모르겠습니다."라고 답하는 경우가 많다. 심지어 기독교를 믿는다고 대답한 사람 중에는 "제 아내가 교회에 열심히 나가고 있어 저는 그저 따라가고 있습니다."라고 답하는 사람도 있다.

진지하게 하나님을 믿고 교회 청년부에 나간다는 청년, 성당을 다니며 사회봉사를 열심히 한다는 청년도 성경에 대해서는 잘 모른다고 답하는 경우가 많다. 종교를 생활의 잣대로 삼고 종교에 따라 산다고 하는 신념을 가진 사람은 결국 보지 못했다.

이탈리아 관광을 갔을 때의 일이다. 가이드가 성당에 대해 열심히 설명을 한다. 그래서 "선생님은 종교가 무엇입니까?" 하고 물었다. 그러자 "저는 철저한 가톨릭 신자인데 일 년에 세 번 정도 성당에 가서 미사에 참석합니다."라고 답한다. 너무 적지 않느냐고 물었더니 "주님은 자비로우셔서 내가 생활이 바빠 성당에 가지 못하는 것을 이해해주시고 용서해 주실 겁니다."라고 말했다.

유럽의 가톨릭 신자 수는 매우 많으나 성당에는 신자를 찾기 힘들다는 것이 이해가 됐다. 유럽에는 수천 명이 들어갈 수 있는 대규모 성당이 많지만 미사에 참여하는 교인들의 수는 수십 명에 불과할 때가 많다. 가이드에게서 알맞은 답변을 들었다.

기독교인들도 교회에 따라 교인의 색깔이 다른 경우가 많다. 어떤 사람은 오직 순종형이다. 예배에는 절대 빠지지 않고 수요일과 토요일 새벽 예배도 반드시 나간다고 이야기한다. 하지만 간혹 지나치게 이기적인 사람이 나타나기도 한다.

70년대 한국에는 기독교인이 매우 적었다. 비록 '예수쟁이'라는 표현을 듣긴 했으나, "예수쟁이는 거짓말을 하지 않고 정직하다."는 사회적 평판과 믿음이 있었다. 그래서 자신은 교회에 나가

 희망의 끈을 찾아서

크리스천
정직한 사람
신뢰받는 사람

지 않을지라도 자식들이 교회에 가는 것은 막지 않았다.

'정직하다'는 색깔. 이것이 한국 초대 교회의 색깔이었다. 그러나 이 색깔도 점차 변해왔다. 어느 샌가 '말을 잘 하는 사람'으로 인식되더니 나중에는 '술 안 먹는 사람'으로 변했다. 요즘은 더 심하다. 아예 기독교인의 색깔이 무엇인지 알려고 하질 않는다. 무관심 혹은 가끔 터져 나오는 목회자의 나쁜 행실 소식에 묻혀버리고 있다. 청년들에게 기독교를 알리는 단체들도 힘을 잃어가고 있다.

기독교인의 색깔을 다시 보여주어야 한다. 옛날의 '정직한 사람', '신뢰받는 사람'의 색깔을 되찾아야 한다.

일을 믿고 맡길 수 있는 사람이라는 기독 청년의 색깔을 가지고, 당당하게 "저는 예수 믿는 사람입니다. 귀하의 회사에서 큰 일꾼이 될 것입니다."라고 말할 수 있는 청년들이 이 땅에 가득하기를 소원해본다.

두 선교사 이야기

신년을 맞아 각 부서를 방문해 이야기를 듣는 시간을 가질 때 한 임원이 나를 찾아와 말했다.

"사장님, 제가 지방교회의 선교 담당 장로를 맡고 있습니다. 그런데 목사님과 함께 선교지 순방을 가야 해서 일주일 동안 휴가를 가야 할 것 같습니다."

회사 일을 놓아둔 채 자리를 오래 비워야 하니 좀 더 생각해 보라고 권했다. 그러나 그 임원은 단호했다.

"꼭 가야합니다. 필리핀과 베트남의 선교지를 방문할 예정입니다."

간절하고 결연한 태도에 휴가를 허락했다. 그리고 일주일 후, 잘 다녀왔다는 보고를 받았다.

"그런데 사장님, 참 신기한 것을 보고 왔습니다. 교회가 필리핀으로 파견한 선교사님은 한의사인데, 이슬람권의 선교를 위해 필리핀을 떠나 말레이시아로 거처를 옮긴 분이었습니다. 그래서 이번 순방 때 그곳에 가보니 선교사님의 생활이 너무 화려하데요. 마치 한국의 강남 부유층 같은 생활을 하고 있었습니다. 선교사님께 이슬람권 선교가 잘 되느냐고 물었더니 '이슬람은 못 하고 우선 한국인이나 중국인, 인도인 등을 상대로 선교 활동을 하고 있다'고 합니다. 교인들이 어렵게 모아 헌금한 돈인데 이제 그만하시고 독립하시라는 말이 무척 하고 싶었는데 꾹 참았습니다."

그 선교사님은 한 달에 3천 달러 가량을 선교비로 받고 있다고 한다. 이 정도 금액이면 교인들 입장에서는 정말 어렵게 낸 헌금인데 보다 보람 있는 선교를 위해 쓰였으면 하는 생각이 들었다고 한다.

선교지를 방문한 임원은 이후 말레이시아를 떠나 베트남으로 건너갔다. 베트남에 계신 선교사님은 약국을 운영하던 약사인데, 선교비로 한 달에 200달러 정도밖에는 드리지 못하는 곳이라고 한다. 그런데 그 선교사님은 딸에게서 1천 달러 정도를 지원받고

 희망의 끈을 찾아서

전력을 다해 선교를 하고 있었다고 한다.

한국어 학원 겸 조그만 카페를 운영하는 한편, 전도된 몇 명을 한국의 지방 대학에 유학 보내고, 학원 겸 카페에서 한국 문화와 성경을 가르치고 있었다고 한다. 베트남을 방문한 순방 일행은 이 모습을 보고 무척이나 깊은 감명을 받았다고 한다. 성공적인 선교 모델을 발견했다며 칭찬이 대단하다.

어느 선교사는 큰 지원을 받고 있으면서도 성과가 없고 어느 선교사는 적은 지원 속에서도 큰 성공을 거두고 있는 것을 보고 있자니, 사명감을 가지고 열심히 하는 분과 그렇지 않은 분의 차이를 느꼈다고 한다.

개인의 생활을 위해 선교비를 사용하고 그 선교비로 자신의 자녀를 국제학교에 보내면서도, 몇 년이 지나도 선교의 열매가 없는 경우가 많다고 한다. 그래서 교회는 선교지를 꼭 방문해서 직접 확인하는 것이 중요하다고 한다. 선교를 한다며 후원금을 받아 낭비하는 선교사가 적지 않기 때문이다.

물론, 열악한 지원과 환경 속에서도 현지에서 자신의 모든 것을 던지고 선교를 하시는 선교사님도 무척 많다. 이렇게 아무런 명예나 보상을 바라지 않고 오직 주님을 위해 헌신하는 한국 선교사님들을 발굴해 국내의 성도들에게 알리고 싶다. 그들의 헌신이야말

관리가 잘 되는 선교

로 하나님을 진정 기쁘게 하는 참된 선교사의 길이 아닐까 한다.

요즘 중국에서는 한국 선교사들을 모두 추방하고 있다고 한다. 중국에서 쫓겨난 분들이 태국으로, 베트남으로 간다고 한다. 평생 주님을 위해 헌신하는 수많은 선교사들에게 감사한다. 한국 성도들의 선교 헌금이 정말 옳은 곳에 잘 쓰인다면 하나님도 크게 기뻐하실 것이다. 교회도 이를 잘 관리하고 옥석을 가리는 선교 후원 정책을 수립해야 한다.

얼마 전 양화진 외국인 선교사 묘원을 방문했다. 경내에 있는 한국 기독교 100주년 선교기념관에는 100년 전 한국에 파견된 선교사님들이 고국에 보냈던 선교 일지들이 잘 전시되어 있었다.

매일 매일 드렸던 기도 내용, 선교 내용 그리고 한국의 문화와 풍습에 대해서까지도 세밀히 정리해서 보고한 것을 볼 수 있었다. 당시 선교 지원국에서 선교사들을 얼마나 철저히 지도하고 관리했는지를 한눈에 알 수 있었다.

이들의 선교일지는 한국교회에 시사하는 바가 크다. 관리가 잘 되는 선교야말로 우리가 배워야 할 점이다. 한국이 세계무대에서 선교의 열매를 맺는 '모범 선교국'이 되기를 소망한다.

북한 미사일 발사를 바라보며

왜 북한 정권은 백성이 굶어 죽는 상황에도 막대한 돈을 들여 미사일과 핵 개발에 매진하는 것일까? 많은 사람이 궁금해 하는 점이다.

한마디로 요약하자면 '통일에 대한 염원' 때문이다. 한반도 통일을 위한 그들의 전략은 한국 전쟁 때의 전략에서 전혀 달라지지 않았다.

전쟁 당시 그들은 평화 통일을 한다면서 대한민국의 민족주의자 김구 선생 등 지식인들을 설득해 평화 회의를 계속 진행하는 한편, 뒤에서는 소련과 중국을 설득해 소련에서 무기를 중국에서

희망의 끈을 찾아서

군대를 약속받고 미군 철수를 이행시켰다. 박헌영을 필두로 남한의 지지 세력을 확보하고 민중 봉기를 주도했으며 일요일을 틈타 공격을 개시해 불과 몇 주 만에 서울을 함락시켰다.

이번 핵미사일 개발의 주목적은 미국과의 직접 협상을 통해 미국이 겁을 먹고 한국에서 철수하게끔 압박하는 것이다. 이와 더불어 한국의 국정원을 약화시키고 민주화를 주장하면서 보안법 폐지를 이끌어내 친북 세력의 안정된 활동을 보장받고 남침 때 민중의 봉기를 기대한다는 것이 국방 전문 학자들의 견해다.

미국이 핵미사일의 공포 때문에 한국을 포기할 것인지는 알 수 없는 일이다. 자국의 이익을 위해 포기할 수도 있다는 외국 학자들의 견해도 많다. 그러나 우선 한국을 포기하는 것 대신, 더욱 강력한 핵 억제 정책을 쓰기로 결정했다고 한다. 자국의 안정을 위해 사드(THAAD) 배치를 결정했고 더 많은 기계화 사단을 증강한다고 소식통은 전한다.

작년부터는 북한이 침공할 경우 한강 이남으로 철수한 뒤 방어를 한다는 전략을 수정해 북한에 선제공격을 할 수 있다는 전략으로 작전 개념도 바꿨다. 그리고 요인 암살, 핵 시설 파괴 및 점령을 목적으로 한 특수부대도 올해 한미 합동 훈련 때 합류한다고 한다.

그러나 미국의 도움 없이도 자주 국방을 할 수 있는 실력을 한국 스스로 갖추어야겠다는 생각이 든다. 만약 미국이 북한의 핵미사일과 타협해 평화 조약을 맺고 철수한다면, 한국의 운명은 어떻게 될 것인지 걱정스럽다. 그리고 중국은 계속해서 한국의 우호국이 될지 아니면 북한과 한 편이 될지 그것도 생각할 문제다.

또한 우리의 운명은, 특히 우리 기독교인의 생명과 신앙은 과연 지켜낼 수 있을지 걱정이 깊어진다. 일부 사람들은 한국에는 절대로 핵을 쏘지 않을 것이라고 확언한다. 북한은 남한을 파괴하지 않고 경제만 가져가고 싶어 할 것이다. 그러나 막상 전쟁이 나면 그것도 쉽지만은 않을 것이다.

미국에 계속 우리를 지켜달라고 애원해 봤자 그것이 애원만으로 될 일인가? 자주 국방의 힘을 길러 안보를 스스로 지켜야 한다. 우리 가운데 잠시 친북을 주장하고 있는 사람들을 설득시켜 국가를 사랑하는 마음으로 하나가 되어야 한다. 안보에는 여야가 없다. 위험할 때일수록 국론이 합치되어야 한다.

무엇보다 정말 중요한 것은 '하나님이 역사의 주관자' 라는 사실이다. 이를 잊지 말고 하나님께 우리의 안보를 부탁드리자. 아무리 북한이 핵미사일을 개발할지라도 하나님이 허락하시지 않으면 무용지물이다.

하나님께 우리의
안보를 부탁!!

그러나 이스라엘 민족이 우상 숭배를 하고 하나님을 떠나 바알 신에게 경배할 때, 하나님은 바빌론과 앗시리아를 통해 이스라엘을 무너뜨리셨다. 하나님의 징계가 핵미사일보다 무섭다.

얼마 전 국회에서 무당의 굿판이 벌어졌다. 초대 대통령 이승만 박사의 기도로 시작한 초대 국회의 혼이 살아있는 의원 회관 내에서 이런 어처구니없는 일이 벌어졌는데, 기독교 목회자 중에서나 교인 중에서도 근심하는 목소리가 크지 않다. 이야말로 하나님의 징계를 두려워할 만한 행위인데도 왜 이토록 침묵하는지 모르겠다. 구약 성경의 핵심 징계가 바로 하나님 이외의 다른 신을 섬기는 것에 대한 징계인데 이토록 무서운 징계를 두려워하지 않는 교회를 보면서 더 큰 걱정을 하게 된다. 핵미사일보다, 북한의 계략보다 더 무서운 하나님의 징계를 우리는 소홀히 하는 것이 아닌가 한다.

우리 모두 우리의 잘못을 하나님께 회개하고 하나님께 우리의 안보를 기도드리자. 그리고 아직도 하나님을 경외하는 많은 하나님의 백성이 이곳에 있다고 간절히 기도드리자. 하나님이 반드시 들어주실 것이다.

바늘 가진 자가
칼 가진 자를 이기는 사회

　강자가 약자에게 아량을 베풀고 져주는 사회, 이것이 자본주의의 본얼굴이었다.

　자본주의는 경제와 종교 윤리의 결합에서 시작됐다. 봉건주의 사회 경제에서 지주와 소작인의 관계를 끊고, 동등한 관계의 경제 구조를 만들자는 생각이 새로운 경제 질서를 만들어 낸 것이다.

　가톨릭으로부터 종교 개혁을 이룬 칼빈의 장로교가 민주적인 교회 형태를 만들면서, 민주주의의 정치 체제와 자본주의 경제 체제를 만들었다. 그리고 이를 경제생활에 직접 실천하면서 생활했던 사람들이 바로 청교도들이었고 이는 곧 미국의 민주주의와 자본주의를 탄생시켰다.

청교도 정신의 핵심은 "모든 주인은 하나님이시며 우리는 하나님의 뜻을 이루어 나가는 제사장"이라는 사상이다. 경제 활동에도 직업의 귀천이 없다. 내가 대장장이라면 '대장장이 제사장'이고, 내가 목수라면 '목수 제사장'이다.

그리하여 스미스(Smith), 카펜터(Carpenter) 등의 성(姓)을 자랑스럽게 붙이고 직업의 귀천 없이 당당한 삶을 살았다. 그리고 이러한 정신은 성경에 근거한 정직, 근면, 나눔 정신과 더불어 퓨리탄(puritan, 청교도)들의 기본 정신이었다. 또한 모든 것의 주인은 하나님이기 때문에 내가 소유한 모든 것은 곧 하나님의 것이며 나는 잠시 보관하는 것일 뿐이라는 청지기 정신을 핵심 사상으로 꼽았다.

그러나 미국이 대공황을 겪으면서, 미국의 주류 사회를 이루고 있던 청교도 계층이 무너지고 새로운 경제 질서가 생겨났다. 신학도 보수적인 '성경 절대 신앙'이 사라지기 시작하고 인본주의 신학인 '자유 신학'이 자리를 잡았다. 청교도들이 세웠던 신학교도 거의 다 자유 신학자들에게 넘어가고 역사적, 이성적으로 이해되는 성경 구절만 믿는 자유 신학이 주류 신학이 되었다.

빈부 차이가 심해져 돈 있는 사람은 더욱더 부자가 되고 가난한

　　　　　　　　　　　　희망의 끈을 찾아서

기독교 가치관
청교도 정신

자는 더욱 가난한 사회가 되었다. 신학이 바뀌니 자본주의의 모습도 천민자본주의로 바뀌었다. 이를 본뜬 중남미 국가들은 극심한 빈부차가 생겨 가난한 자는 신발도 없이 맨발로 하루 먹을 빵을 구하고, 부자는 화장실만 100개를 갖춘 주택을 자랑하는 사회가 되었다.

여기서 일어난 신학이 민중 신학이다. 민중을 역사의 주체로 보고 노동자의 가치관에 입각해 가난한 민중을 위한, 그리고 민중에 의한 국가 건설이 필요하다는 취지로 일대 혁명을 불러일으켰다.

중남미의 민중 신학과 운동은 한국에 들어와 노동 단체를 만들었으며 그 영향력은 지금도 막강하다. 이 모든 것은 자본주의 경제에서 기독교적인 윤리가 빠지고, 천민민주주의로 변질된 것이다.

교회는 흔들리지 않는 기독교 가치관을 가져야 한다. 땅 사고 성전 짓고 복 받자는 구호 대신, 영적으로 성숙한 신앙으로 돌아가 청교도 정신을 다시 가르쳐야 한다. 그리고 기독 실업인은 CSR(기업의 사회적 책임)에 관심을 갖고 실천해야 천민자본주의를 벗어날 수 있다. 다시 한 번 새로운 종교 개혁이 필요한 때다.

칼 가진 힘 있는 자가 바늘을 갖고 대항하는 약자에게 양보하고 모두가 함께 사는 사회. 이것이 기독교가 꿈꿔온 기독교적 자본주의다.

알파고와 바벨탑

　노아의 시대. 당시 땅에는 네피림이 있었고, 하나님의 자식들이 사람의 딸에게서 낳은 자식들이 있었던 것으로 성경은 기록돼 있다.

　명성이 자자한 용사들인 네피림 후손들은 거인들이었으며 왕과 통치자의 자리에 올랐다. 이 거인들은 하나님이 지으신 사람들과 더불어 부패한 문화를 만들었던 것으로 기록되고 있다.

　동성애, 우상 숭배, 수간(獸姦) 등 하나님 보시기에 악한 일을 거침없이 행함으로써 하나님을 한탄케 하고 근심케 했다. 하나님은 "내가 그들을 땅과 함께 멸하리라"며 홍수를 통해 온 인류를

심판하셨다고 성경은 말한다.

인간이 아닌 네피림 후손은 하나님의 창조를 거역하는 일을 하며 하나님의 창조물인 인간들을 지배하고 부패케 했다.

요즘 사람의 창조물인 알파고라는 기계가 하나님의 창조물인 사람을 능가하는 것을 목격하고 많은 사람들이 충격에 빠져 있다. 두려움이 앞선다. 기계가 주식도 장악하고 돈도 장악하고 의료도 장악하고 우리의 생각도 장악한다면 우리 인간이 할 일은 과연 무엇일까? 그저 무섭다는 생각이 든다.

요즘 동성애가 당당한 정체성으로 인지되며 세상 속에서 그 모습을 드러내고 있다. 인권이라는 이름하에 동성애가 권장되니 종족 보존이 되지 않을지도 모르겠다는 우려가 드는 것은 나만의 생각일지 모르겠다.

유럽의 한 나라에서 일어난 뉴스를 보면 노아 시대에 있었던 수간이나, 심지어 시체를 이용하는 망측한 행위도 인권이라는 이름으로 요구되고 있다고 하니 노아 시대의 상황과 비슷하게 진행되고 있는 것을 바라보게 된다. 심히 하나님이 근심하실 일이라 여겨진다.

현대의 네피림 후손은 아마 육체적 거인이 아니라 지능적으로 진화한 천재일지도 모른다는 생각이 문득 들었다.

지금은 깨어
기도해야
할 때이다

이제 "하나님의 거룩한 곳에 말하는 우상이 들어선다"는 성경 말씀이 이해가 되는 것 같다. 지금의 기술이라면 짐승의 표라고 불리는 베리칩과 유사한 것으로 인간의 생각과 감정을 통제할 수 있는 수단이 나올 것 같기도 하다. 정말 걱정과 우려가 교차되는 하루였다.

인간이 지금 바벨탑을 쌓고 있는 것은 아닐까? 하나님에 대항해 싸우던 니므롯의 모습인 것만 같다. 하나님은 웃으시며 그들을 흩으셨다.

나는 성경 구절 중의 네피림 흔적을 찾아 20여 년 동안 중동지방의 박물관을 찾아다녔다. 이집트 카이로 박물관에서 그 흔적을 찾고 분명한 성경의 역사적 사실과 기록에 감탄했는지 모른다.

그런데 요즘은 이런 것이 무척이나 쉽다. 유명 포털 사이트에 접속해 네피림이나 자이언트에 대해 검색하면 선명한 동영상들을 쉽게 찾을 수 있으니 참으로 좋은 세상이다.

역사를 주관하시는 분은 하나님이시다. 이 모든 것은 미리 성경을 통해 알려주셨고, 성경은 하나님의 때가 이르렀다고 말씀하고 계신다. 그래서 성경은 진실이며 신화가 아니라는 것을 증명하는 것이 아닌가.

예전에는 요한계시록을 묵시 문학으로 여겨 그 말씀들을 상징으로만 해석했는데, 오늘날의 알파고를 보면서 계시록을 다시 한 번 읽어 보게 된다.

하나님의 말씀이 진실인 것을 깨달으며 마지막 때의 성도로서 준비를 해야겠다는 생각을 한다. 마지막 때, 우리는 무엇을 준비할 것인가. 지금이야말로 깨어 기도해야 할 때라고 절실히 생각한다.

"주 예수여 어서 오시옵소서."

4

성경적 가치관을 정립하자

성경은 과거를 기억해 내어 하나님의 말씀에 순종하고
하나님만 섬기라는 것을 요구하신다. 이를 지키면 큰 복을
주시고 약속을 어기면 큰 벌을 주시겠다는 것이 구약의 핵
심 내용이다.

미련하지 않은 고집

'미련한 사람은 고집이 세다'는 옛말이 있다. 자신의 생각보다 더 좋은 의견을 들었을 때, 기꺼이 타인의 의견을 받아들여 자신의 것으로 만드는 능력이 결여된 사람을 가리키는 말이다.

사고의 전환은 깊은 지식이 바탕이 되어야 가능한 경우도 많다. 지식이 적으면 사고의 유연성도 부족해 남의 것을 쉽게 받아들이지 못한다. 그래서 미련한 사람이 고집이 세다는 말이 생긴 모양이다.

서로 수준이 비슷하면 대화가 쉽다. 한 마디 했을 뿐인데 결론까지 서로 통하니 대화가 매우 쉬워진다. 그러나 개인적 욕심이 있는 사람과는 대화가 매우 힘들다. 소통은 생각의 방향과 목적이 같은 사람끼리 훨씬 수월하게 이루어진다.

개인이 가지고 있는 정체성은 매우 중요하다. 우리는 이것을 가치관이라고도 한다. 가치관은 과거의 자신의 기억과 지식에 근거한다. 인류가 최초에 불을 발견하고 접근했다가 불이 뜨겁다는 것을 알고 다시는 불을 만지지 않게 된 것은, 경험을 통해 지식이 전달된 예라고 할 수 있다.

개인이 아닌 국가가 지닌 기억을 우리는 역사라고 한다. 이스라엘에는 민족 고유의 기억이 있다. 애굽에서 종노릇하던 때 하나님이 홍해 바다를 건너서 구원해주신 은혜가 그것이다. 또한 광야에서 헤맬 때 구름 기둥과 불 기둥으로 인도해 주시고 만나와 메추라기를 공급해 주시며 먹을 물을 주시고 젖과 꿀이 흐르는 가나안 땅을 주신 은혜도 있다.

성경은 과거를 기억해 내어 하나님의 말씀에 순종하고 하나님만 섬기라는 것을 요구하신다. 이를 지키면 큰 복을 주시고 약속을 어기면 큰 벌을 주시겠다는 것이 구약의 핵심 내용이다.

개인적인 신앙도 마찬가지다. 하나님의 보호와 도우심을 받고 큰 어려움을 이겨낸 사람은 신앙을 지키기 쉽다. 이것을 하나님의 연단이라고 하며, 세상에는 이 연단을 이겨낸 승리의 신앙인이 많

신앙의 모델

다. 역경과 고난, 신체적 불구, 잦은 병치레, 경제적 위기 등 모든 것은 하나님이 그의 자녀로서 훈련시키는 것이다. 마치 이스라엘을 훈련시키신 방법과 비슷하다.

이 방법으로 시련을 통해 하나님을 바로 알게 된 분이 있다. 이분은 자신의 두 아들을 공산당에게 내어주고, 아들을 살해한 자를 오히려 자신의 양아들로 삼았다. 또한 자신도 한센병 환자들을 평생 돌봤고, 6.25 한국전쟁 중에도 그들을 버리지 못해 자신의 목숨도 공산당으로부터 순교 당했다. 이 분이 바로 '사랑의 원자탄'이라 일컬어지는 손양원 목사님이다.

손양원 목사님은 하나님의 가르침을 확실히 자신의 정체성으로 만들고 그것을 실천한 분이다. 성경대로 믿고 따른 우직한 신앙의 실천가다. 미련해서 고집이 센 것이 아니라, 자신의 주인이신 예수님의 명령을 자신보다 더 귀중하게 여긴 것이다.

신앙의 참된 모습을 우리에게 전해주신 분이다. 이처럼 위대한 신앙의 실천을 보이신 손양원 목사님이야말로 세계적인 신앙의 모델이라 할 수 있다.

유나이티드문화재단은 이분의 정신을 세계적으로 알리려는 노력을 시작했다. 그리고 이분의 숭고한 정신을 교과서에 실어 국민의 귀감으로 교육해야 한다는 생각을 갖고 있다. 또한 남북 통일

　　　　　　　　　　　　　　　　　　　희망의 끈을 찾아서

의 화해 정신, 동서 화합의 장을 만들고, 흩어진 기독교인들의 자
존심을 높이는 일을 하고 싶다.

미련하지 않은 고집이 바로 손양원 목사님의 신앙의 고집이라
생각한다.

교회에서 사라지는 찬송가를 슬퍼하며

그동안 '갈렙바이블아카데미'를 운영하면서 많은 교수님들이 한탄하시는 말씀을 들었다. 그 중 하나가 바로 교회 예배에서 사라지는 찬송가에 대한 안타까움이다.

찬송은 곡조 있는 기도다. 수백 년 동안 계속 불러왔던 찬송가가 무척 많은데, 요즘 예배에서는 무거운 찬양음악으로 치부되어 버렸다. 대신 신나는 록(rock)이나 뉴에이지(new age) 구성의 CCM이 예배에서 자주 불리고 있다. 시끄러운 전자 기타나 드럼 소리는 예배 시간에 듣기 괴롭다고 많은 분들이 이야기한다. 그 소리가 왜 그리 귀에 거슬리고 싫은지 나 자신도 모르겠다.

CCM의 유래는 베트남 전쟁이 한창이던 시절부터다.

청년들이 히피(hippie)가 되어 길거리를 방황하고 마약과 록 음악에 찌들었던 시절이다. 미국의 척 스미스(Chuck Smith) 목사님은 이들을 교회로 이끌어 들이는 방법이 무엇인가 생각하다가 그들이 부르는 록 음악에 성경 말씀을 작사해 부르면 어떨까 하는 생각을 했다. 이 시도는 대단히 성공적이었고, 청년들은 교회로 몰려들었다.

그러나 그 록 음악의 드럼 소리에 좋은 가사는 묻혀 버렸고, 말씀은 멀어져 갔다. 신나는 리듬 속에 젊은이들은 열광했고, 청년들의 취향에 딱 들어맞는 찬송가가 되어 버렸다.

원래 이 록 음악은 영국의 비틀즈가 발표한 히트곡 'Yellow Submarine'을 통해 세상에 크게 알려졌다고 한다. 비틀즈는 이 곡을 작곡하기 위해 인도에 가서 오랫동안 명상을 했고, 힌두교 사원에서 많은 경배를 해서 얻은 귀중한 곡이라고 한다.

로큰롤(rock' n' roll)도 대유행이 되었다. 이 말의 어원은 남녀의 성행위를 상징하는 슬랭이다. 외설적인 뜻을 내포하고 있던 음악이다. 아무리 좋은 가사를 붙여도 하나님이 기뻐하시는 찬송은 되지 않는 모양이다. 이런 곡에 좋은 가사를 붙여서 만들었으니 청년들이 참으로 좋아할 수밖에 없다.

rock
new age
CCM
??

이러한 곡들을 예배 시간에 사용하지 말고 새 교인의 전도용이나 교회 레크리에이션 음악으로 쓰면 좋았을 텐데, 예배에 사용하니 문제가 생긴 모양이다. 캐나다의 어떤 교회에 새 신자가 왔는데 자신이 평생 나가던 교회가 찬송 대신 CCM을 부르는 탓에 결국 참지 못하고 교회를 옮겼다는 이야기도 있다.

한국도 마찬가지다. 교회마다 점점 더 찬송은 귀해지고 자극적인 CCM은 더욱 널리 퍼져 간다. 다른 교회가 더 강한 메탈 음악을 사용하는 CCM을 부르면 일부 청년들이 그 교회로 이동하는 현상도 있다고 한다.

말씀이 중심이 되어야 하는 교회에서 이런 현상이 생기는 것을 안타깝게 여기는 성도가 매우 많다. 예배 시간에는 경건함을 유지해야 한다던 옛날 교회가 그리워지는 것은 내가 나이를 먹었기 때문일까?

경건함을 찾기 위해 천주교 성당을 찾는 교인도 적지 않다. 교회는 시끄러워서 싫다고 말하며 종교를 옮긴다. 그러나 성당에서 경건을 찾을 수는 있겠지만, 진정한 하나님의 말씀을 찾는 방법도 한 번쯤 생각해보아야 한다.

교회의 세속화를 안타깝게 바라보는 많은 신학자와 교인이 있다는 것은 그만큼 한국 교회에 희망도 있다는 이야기다. 이미 유럽과 미국은 인본주의 신학으로 넘어가 교회가 쇠퇴하고 있는데 아직도 건강한 교회가 남아 있는 한국은 하나님이 희망을 가지고 계신 기독교 국가다. 이대로 몇 년이 더 흐르고 나이 든 세대가 없어지면 한국의 교회도 더욱 세속화될 것이라고 말씀하는 신학자들이 많다.

성경의 말씀이 중심이 되고 이벤트성 행사가 줄어드는 교회, 드럼과 강렬한 음악의 CCM 대신 찬송이 회복되는 교회 그리고 사람 대신 예수님이 주인이신 교회를 간절히 소망해 본다.

여명의 빛

조선 말기, 당시는 우리 민족 암흑기의 끝자락이었다. 그때 조선은 세계정세에 무지한 인권의 사각지대였다. 양반은 백성을 무시했고, 민초들은 문맹으로 평생 살아야 했다. 한글은 있었으나 우리글을 무시하는 풍조로 인해 우리 자신이 한글의 보급과 발전을 막았다.

그때 중국에서 활동하던 존 로스(John Ross) 선교사는 1874년 중국 봉천(현 선양)에서 조선인을 만난 것을 계기로 성경의 한글 번역에 착수했다. 그는 한글을 배우고 활자를 스스로 만들었고, 성경을 번역해 최초의 한글 성경을 만들었으며 이렇게 인쇄된 한글 성경이 국내에 유입되었다.

하나님은 조선의 복음화를 위해 이 땅에 보낼 선교사를 세계 곳곳에서 준비시키시고 그들의 마음을 조선으로 향하게 하셨다.

1883년 견미사절단인 보빙사(報聘使)의 대표로 미국을 방문한 민영익은 대륙 횡단 열차에서 감리교의 존 가우처(John F. Goucher) 목사를 만났다. 당시 조선은 선교 금지 구역이었다. 너무나 심한 쇄국정책으로 선교의 안전을 보장받지 못했기 때문이다. 이때 가우처 목사는 거액의 선교 헌금을 감리교단에 내고 선교사 파송을 요청했다.

1883년 미국 신학교 학생이던 호러스 그랜트 언더우드(Horace Grant Underwood)는 인도 선교의 소망을 갖고 기도하던 중 조선 선교를 명하시는 하나님의 음성을 들었다. 오하이오 주에서 한 여인이 "조선 선교의 문이 열리면 그 일에 써달라"며 그동안 모았던 돈을 헌금한 것이다.

1884년 중국 상하이에서 활동하던 선교사 호러스 뉴튼 알렌(Horace Newton Allen)은 주한 미국공사관 의사 신분으로 한국에 들어와 선교사들의 안전을 지켜주는 든든한 울타리 역할을 했다.

이처럼 하나님은 조선의 복음화를 위해 착실히 준비하고 계셨다.

 희망의 끈을 찾아서

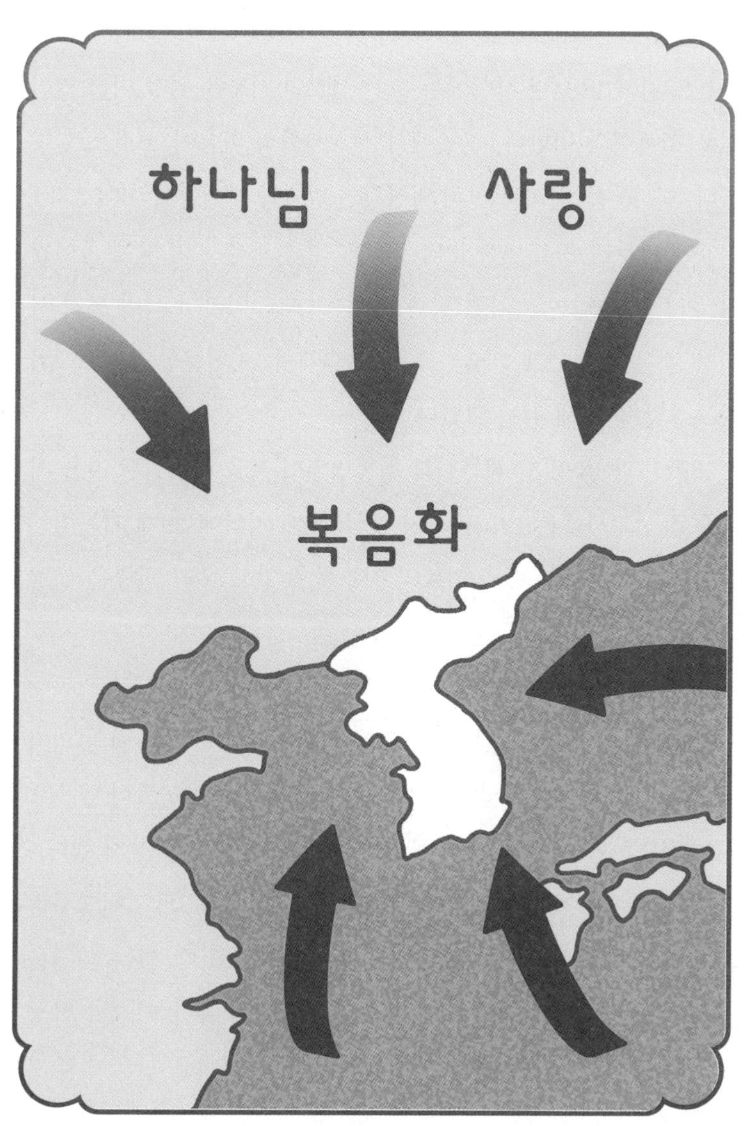

하나님
사랑
복음화

1882년과 1884년 사이에는 조선 선교의 시작을 위한 여러 의미 있는 일들이 일어났다. 곳곳에서 선교사들의 마음이 조선으로 향했다. 하나님의 섭리로 인해 역사적인 만남과 사건들이 이어졌다.

1885년부터 1945년까지 약 1500명의 선교사가 이 땅에 들어왔다. 아프고 억압받고 차별 받던 시기, 그리고 일본의 식민 통치 시기를 겪은 우리에게 의술, 복음, 사회개혁, 독립운동, 한글보급, 학교설립 등의 새 길을 열었다.

1885년과 1886년, 제중원과 정동병원이 서울에 설립된 것을 시작으로 선교사들은 1910년까지 전국 26개 지역에 29개 기독병원을 세웠다. 이들은 한국 의료의 기초를 놓았고 우리 민중은 생명의 젖줄을 찾았다.

선교사들은 또한 세계 흐름에 둔감하던 조선이 대외적으로 위기를 겪을 때마다 조선을 세계에 알렸고 우리의 자주 독립의 의지를 세계 만민에게 알렸다. 3.1운동의 주역을 기독교인들이 맡음으로써 절망하던 조선인들은 기독교에서 새로운 희망을 찾게 했다.

또 인권이 무시됐던 한센병 환자들의 고통을 보아온 선교사들은 그들에게 양돈과 양계 기술을 가르쳐 독립할 수 있는 터전을 만듦으로써 소외된 자들에게 빛을 주었고, 그 축산 기술이 한국 농민들에게 전파되어 가난한 농민들의 생활 기반을 만들어 주기

 희망의 끈을 찾아서

도 했다.

언더우드 선교사는 장로교 선교사로서 경신학교를 세웠고 연희전문학교(현 연세대학교)를 세움으로써 학교를 통한 선교의 새로운 이정표를 세웠다.

또한 헨리 거하드 아펜젤러(Henry Gehard Appenzeller) 선교사는 감리교 최초의 선교사로서 한국에 배재학당을 세우고 독립협회를 적극 지원했으며, 학교 내 출판사를 세워 독립신문 발행을 적극 지원했고, 성경 번역 위원회를 통해 한글의 문법과 보급에 큰 공헌을 했다. 서울 마포구 양화진길 묘원에 있는 그의 추모비에는 그가 제물포에 도착했을 때의 기도문이 적혀 있다.

"우리는 부활절 아침에 이곳에 왔습니다. 그 날 사망의 권세를 이기신 주께서 이 백성을 얽어맨 결박을 끊으사 하나님의 자녀로서 자유와 빛을 주시옵소서."

여명의 빛, 이것은 하나님이 우리에게 주신 사랑의 빛이었고 따스한 손길이었다.

"하나님, 감사합니다. 우리가 하나님의 사랑을 이제 깨닫고 하나님의 목적을 이룰 수 있게 우리를 도구로 사용하여 주시옵소서."

겉마음과 속마음 그리고 오해

　언젠가 경상도 출신의 친구 집안 경사가 있어 부부 동반으로 축하 자리에 참석해 하룻밤 이야기꽃을 피운 적이 있었다. 경상도 친구들이라 부인들도 모두 경상도 출신이었다. 나만 고향이 달라 좀 어색할 정도였다.

　부인들의 수다는 여느 모임 못지않았다. 자녀의 결혼 이야기가 나오자 한 사람이 자신의 남편을 보면서 "우리 딸은 절대로 경상도 남자와 결혼시키지 않겠다"고 목청을 높였다.

　그러자 다들 이구동성으로 "나도 마찬가지"라며, "우리 남편같이 재미없는 사람에게 어떻게 딸을 보낼 수 있겠느냐"며 거들었

 　　　　　　　　　　　　　　　희망의 끈을 찾아서

다. 옆에 앉아 있던 남편들은 모두 빙그레 웃기만 할 뿐, 여기에 반대의견을 내놓는 사람이 없었다.

"그건 그래"라고 누군가 침묵을 깨고 한마디 했다.

그러자 모두들 고개를 끄덕이는데 나는 도대체 뭐가 뭔지 이해가 되지 않아서 멍하니 그들의 수다만 듣고 있었다.

그런데 몇 년 후 또 경상도 친구에게서 청첩장을 받게 됐다. "그래 너희 사위는 고향이 어디냐"고 물었다. "대구야." 그게 그 친구 대답이었다. 또 다른 친구의 사위도 부산 사람이었다.

나는 뭐가 뭔지 몰라 "그때 우리가 모였을 때 너희 부인들이 그렇게 목청을 높였는데 실제와는 다르지 않으냐"고 되물었다.

그런데 그 답이 또한 걸작이다.

"그래도 마지막 결정을 할 때엔, 같은 고향 사람이라는 점이 안심이 된다"는 것이다. 속마음과 겉마음이 사람마다 조금씩 다르게 표현될 수도 있겠다는 생각이 들었다.

그때 종교 이야기도 나왔다. 모두 불교란다. 왜냐고 물었더니 "우리 어머니가 절에 열심히 다니시는데 어떻게 내가 불교 신자가 안 될 수 있겠냐"는 이야기였다.

"그런데 너희들 절에 나간다는 이야기는 못 들었는데 무슨 불교 신자냐"고 물었더니 "그래도 1년에 한 번은 나간다"며, "등산

희망의 끈을 찾아서

을 가면 꼭 절에 한 번쯤 들러 절을 한다"고 한다.

"그래도 믿으려면 불경도 읽고 자주 절에 나가야지 그렇게 대충 대충 하면 부처님이 가만히 안 두실 것"이라 이야기했다. 그런데 "그래도 우리는 제사를 지내며 조상들을 잘 모시는데 너희 기독교인들은 제사도 안 지내고 조상도 모르는 종교 아니냐"고 은근히 비난하는 소리를 들었다.

"우리가 교회에 나가고 싶어도 제사를 못 지내게 하니 그건 상것들이나 하는 짓이 아니냐"는 말도 들었다.

나는 이 말이 도무지 이해가 되지 않는다. 보통 크리스천들은 부모님 기일에 추모 예배를 드린다. 나도 그렇게 하고 있다. 그리고 가족끼리 모여 식사도 한다. 같은데 향을 피우지 않고 절하지 않을 뿐, 부모님을 추모하는 마음은 다 같다고 말했다. "그래? 그러면 우리가 옛날에 듣던 것과 완전히 다르네"라는 말을 한다. 나는 "그러면서 제사 문제 때문에 교회를 나가지 않는다는 말은 하지 말라"고 말했다.

그렇다. 교회도 부모님께 효도하는 것을 매우 중히 여긴다. 돌아가신 부모님에 대한 감사와 추모를 정말 중히 여기고 지키고 있다. 다만 우상을 숭배하듯 조상신들에게 절하는 것을 기독교는 하지 않을 뿐이다.

기독교는 오직 하나님만 섬기고 그에게만 경배하는 종교다. 그리고 예수 그리스도만이 하나님께 가는 유일한 길이라고 믿고 있다. 기독교가 핵심 교리를 모르는 일반인들에게 잘못 비쳐지고 있는 부분이 참 많다.

한국교회와 성도들은 전도도 중요하지만 기독교를 바로 알리고 이해시키는데도 관심을 가져야 한다.

장로님, 나라를 위해
간절히 기도하시랍니다

2015년 5월 중순쯤이었다. 평소 신앙적 교제를 나누는 사이이고 영적으로 깊이 기도하시는 선교사님 한 분이 국제전화를 걸어왔다.

"장로님, 하나님께서 나라를 위해 기도하시랍니다."

"국가 지도자를 포함해서인가요, 아니면 국가를 위해서만입니까?"

"나라를 위해서 기도드리라고 하십니다."

나는 무슨 뜻인지 잘 알지 못하고 "네"라는 대답 후 전화를 끊었다.

나 자신은 기도를 그렇게 잘 하는 편이 못 된다. 나를 위해서,

가족을 위해서, 그리고 회사를 위해서는 기도를 많이 했지만 국가를 위한 기도는 그저 형식적으로 기도 중 한 마디쯤 넣는 수준이었다. 그런데 막상 나라를 위해 기도하려니 막막한 기분이 들었다. 기도의 주요 내용이 국가를 위한 내용이어야 하는데, 그 범위를 어디서부터 어디까지로 정해야 할지 걱정이었다.

그래도 우선 시작을 했다. 그 당시 동성애자들의 축제가 언론에서 계속 문제로 대두되고 있었다. 당연히 하나님이 기뻐하지 않으실 거라는 확신이 있었다.

그래서 서울광장에서 열릴 동성애자들의 축제를 막아달라고도 열심히 기도했다. 소돔과 고모라 성이 망한 것은 동성애를 비롯한 성적 타락 때문이다. 하나님이 크게 노하실 일이고 소돔이란 말은 동성애자라는 뜻이다.

이스라엘 백성이 금송아지를 만들어 축제를 벌인 일이 있다. 이때 모세가 매우 노하여 십계명 돌판을 던져 금송아지를 부쉈다. 레위지파는 칼을 빼들고 아주 가까운 친구와 친척이라도 이 성적인 축제에 참여한 모든 자들을 살육했다. 이 성적인 축제는 원래 바알 신을 비롯한 가나안의 우상 숭배자들이 반드시 행하는 종교적 행사이기도 하다.

하나님이 싫어하시는 또 하나는 무속인, 점쟁이들이다. 이 또한

동성애
우상숭배
MERS
어려움

기도...

우상숭배로 매우 심하게 금하신 일이다. 요즘 TV에 무속인이나 점쟁이들이 너무 자주 출연해 마음이 편치 않았다.

모 방송국 아침 방송에 출연할 기회가 있어 녹화 후 PD에게 항의를 했다. "근래 너무 많은 무속인들이 출연해 시청자를 혹세무민하고 있다. 공공기관인 방송국으로서 문제가 있지 않느냐?"고 했다. 그러자 PD 왈 "사장님, 그들만 내세우면 시청률이 얼마나 올라가는 줄 아십니까? 시청률 때문입니다. 이해해 주세요."

방송국 사장님과 약속한 티타임에 또 항의하려는 중에 "사장님께서 약속은 하셨는데, 갑자기 급한 일이 생겨 다음에 뵙고 싶다고 하십니다."라고 했다. 거북한 자리가 될 것 같아 피한 모양이라고 생각하고, 방송국을 나섰는데 마음은 씁쓸했다.

메르스(MERS)가 창궐해 지금 온 나라가 난리다. 그때 나라를 위해 기도하라고 전하신 말씀은 바로 메르스 때문에 이 나라가 어려움을 겪을 것을 미리 아신 하나님의 뜻이라는 생각이 갑자기 들었다.

그래서 더욱 기도를 했다. 6월에 예정된 동성애자 축제를 그치게 해달라고 기도했다. 정부 관계자나 언론사 관계자들에게도 부탁을 했다. 그러나 아무도 나서려는 사람은 없었다.

인권에 관한 예민한 문제라 신문도 방송도 모두 나서기를 꺼리고 있었다. 정치인은 말할 것도 없고 현직에 있는 기독교인들도

　　　　　　　　　　　　희망의 끈을 찾아서

모두 말하길 꺼린다.

동성애자 축제 때 메르스 균이 퍼지면 누가 감당하느냐는 이야기도 있다. 그러나 국가 기관의 입장은 '메르스 균은 공기로 감염이 되지 않으니 국민에게 공포감을 주면 안 된다'는 것과 '그들의 인권을 존중해야 된다'는 것이다.

내게 "사장님은 모 기독교 단체 대변인과 똑같은 말씀을 하십니다. 동성애 축제를 취소해 달라는 공문의 내용과 정확히 일치합니다."라는 말도 들었다.

하나님은 이 나라를 사랑하셨고, 일제 강압기와 6.25 한국전쟁 때에 우리를 지켜주셨다. 그리고 경제 대국이 되기까지 늘 곁에서 보호해 주셨다. 아직도 살아 움직이는 기독교인들의 기도가 있고, 함께 걱정하는 우리 기독교인들의 기도가 있는 한 절대로 이 대한민국은 하나님의 보호에서 떨어질 수 없다는 생각에 안심이 된다.

우리 기독교인들이 힘 모아 계속 기도하면 메르스를 수월하게 극복하리라 확신한다. 다만 우리의 기도가 부족할 뿐이라고 생각한다. 그리고 이번 기회에 기도하는 더 큰 힘을 우리에게 주실 것이라 생각하고, 하나님께 우리나라의 안전을 지켜 주실 것을 간구하려고 한다.

모두 함께 나라를 위해 뜨겁게 기도하자.

솔개 이야기

솔개에 관한 유명한 우화가 있다.

솔개는 무서운 맹금류에 해당된다. 매서운 발톱과 부리는 하늘을 나는 새 중 제왕의 자리를 다툴 만하다. 그의 수명은 최고 60~70년이라고 한다. 그러나 솔개의 나이 40세 쯤 되면 부리는 완전히 노쇠해 쪼그라들어 도저히 사냥을 하지 못하게 되고, 날카로운 발톱은 죽은 발톱이 되어 쓸모가 없어진다.

그 때 솔개는 새로운 갈림길에 서게 된다. 그대로 있으면 먹이를 얻지 못해 죽는다. 그러나 새로운 결심을 하는 솔개도 있다. 더 높은 곳에 둥지를 만들고 딱딱한 바위에 부리를 쪼아 낡아 못 쓰게 된 부리를 뽑아버리면 새로운 부리가 나온다고 한다. 젊을 때의 날카로운 부리가 나와 그것으로 못 쓰게 된 자신의 죽은 발톱을 뽑아버리는 고통을 참고 노력해 새로운 발톱이 자라게 한다.

뼈를 깎는 고통을 겪은 솔개는 다시 30년을 살아갈 육체를 얻고 다시 하늘의 왕자로 살아갈 수 있다. 이 고통의 시간을 이겨내는 노력이 솔개의 새로운 탄생을 만드는 것이다.

실제로 가능한 일은 아닐지라도 살기 위해 고통을 견뎌내는 솔개의 우화에는 배울 점이 있다.

오늘 어느 대학 교수와 이야기를 나눴다. 자신은 미국유학 후 40세가 됐을 때 박사 학위를 받고 15년째 교수 생활을 하고 있는데, 지금은 그때 배웠던 학문이 모두 바뀌었다고 한다. 새로운 학문의 세계가 다가왔는데 그것을 이해하기가 너무 힘들어 잠시 쉬어 가려고 했단다.

하지만 학교의 강권 때문에 새롭게 공부하지 않으면 학생들을 가르칠 수 없다는 생각에 새로운 학문을 공부한다고 한다. 특히 IT 분야의 교수 한 명은 기술의 발달이 너무 빨라 자신이 가르치는 학생들의 IT 실력이 자신보다 앞서가는 것을 느낄 정도라고 한다.

새롭게 공부하지 않으면 자신의 교수 자리도 언제 없어질지 모르겠다고 할 정도다. 세상이 변하고 학문이 빨리 변해 40세가 넘으면 제2의 인생을 준비해야겠다는 이야기를 한다. 옛날 교수님들이 누런 노트 하나로 여유 있게 살던 때가 부럽다고 한다.

회사 생활도 마찬가지다. 40세 이상부터는 불안감을 느끼기 시작한다고 한다. 내가 배웠던 지식이 나중에 많이 변한 것을 발견한다고 한다. 법규도 빨리 바뀌고 규정도 빨리 바뀌어서 계속 공부하지 않으면 낙오된다는 생각을 버릴 수 없다고 한다.

패러다임이 바뀐다. 세상이 급속히 변한다. 오늘 결혼식장에 갔는데, 결혼식이 왜 그토록 장난스럽게 변해가는지 모르겠다. 경건하고 진지하게 진행됐던 결혼식이 이제는 무슨 이벤트처럼 변해가고 있다.

세상은 변하고 지식은 바뀌고 경쟁은 더해가며 스트레스는 심해진다. 그리고 희망은 점점 줄어드는 세대가 되었다. 이제 학교를 졸업한 뒤 10년 이상 써먹었던 지식은, 새롭게 배우지 않으면 도태될지 모른다는 생각이 계속 우리를 옥죄고 있다. 새로운 삶을 위해 우리가 무엇을 할 것인가를 깊이 생각하지 않으면 삶의 좌표를 잃어버릴 것이다.

새롭게 충전해 보자. 옛 것을 벗어버리고 새로운 변화를 시도해 보자. 그래야 100세까지 살 수 있다. 우화 속 솔개와 같이 옛 것을 벗어버리고 새롭게 자신을 무장해야 한다.

　　　　　　　　　　희망의 끈을 찾아서

때려치고
싶은
불안감

나와 나의 가족을 위해 내가 변하지 않으면 내 가족의 앞길은 밝지 못하다. 지난 40년간 쉽게 살아 왔다면 이제 새로운 것을 발견해야 한다.

사회생활뿐만 아니라 신앙생활도 마찬가지다. 그동안 목사님께 순종하고, 헌금 잘 내고, 어려울 때 기도하고, "아멘"만 외치던 신앙생활을 했다면 이제 한 번쯤 자신의 종교생활도 뒤돌아보자.

헌금만 많이 내면 하나님이 복을 많이 주실 거라 생각했다면, 그것이 과연 하나님과 나 사이 진정 올바른 관계 설정인가 생각해 보자.

주일예배만 드리면 천국 가는 데에 아무 걱정이 없다고 생각한다면, 그것도 다시 생각해 보자. 이제 좀 더 높은 신앙생활도 생각해 볼 때가 됐다.

성경을 읽자. 그 속에 하나님이 계시고 지혜가 있고 생활의 정체성도 찾을 수 있다. 그동안 성경을 깊이 읽지 않고 신앙생활을 해 왔다면 솔개처럼 고통과 노력을 통해 성경 속 하나님을 다시 뵙고 그 뜻을 헤아려 보자.

나는 요즘 성경을 무척 많이 읽고 또 읽지만, 매일 볼수록 모르는 것이 아직 많다고 느낀다. 매일 새롭고 새롭다. 모르는 것이 많다는 생각에 좌절감을 느낄 때도 많다.

     희망의 끈을 찾아서

　이제 새로운 신앙의 단계로 가고픈 욕망이 앞선다. 약한 나의 지식과 믿음을 새롭게 단련해 앞으로 다가올 100세 시대에 올바른 신앙생활을 하고 싶다.

　결국 우리 인생의 목표는 하나님께 영광 올리고 그를 기쁘시게 하는 것인데 왜 이렇게 사회생활에서 무기력한 모습을 발견하게 되는지 나 자신을 탓해 본다.

　앞으로는 새로운 부리로, 새로운 발톱으로 십자가 군병이 되어 가는 나 자신을 기대해 본다. 내 힘이 모자랄 때 성령 하나님께 도우심을 기도해 보자.

크롬웰과 잔 다르크

영국의 올리버 크롬웰(Oliver Cromwell)은 역사 속 실존 인물이면서, 신비로운 인물로 전해오고 있다.

크롬웰은 영국의 청교도 전쟁을 승리로 이끈 장군이다. 그는 원래 군인 출신이 아니고 문약한 사람이었다. 우울증에 시달렸고 자신감이 없던 청년이었다. 그의 생애 초반은 좌절과 무기력한 삶이었다고 한다.

그런데 어느 날 성경을 읽다가 '하나님이 주신 능력 안에서 나는 무슨 일이든지 할 수 있다' 는 말씀에 확신이 생겨 새로운 인생을 살게 되었고, 무수한 전투를 신기하게도 승리로 이끌었다. 결국 왕정을 무너뜨리고 청교도적 가치관에 입각한 공화정 정치를 통해 영국을 통치하던 사람이다. 그의 수많은 전투의 비화는 지금까지 신비한 전설로 내려오고 있다.

프랑스의 잔 다르크(Jeanne d'Arc) 역시 비슷한 이야기가 전해오고 있다. 연약한 소녀 잔 다르크는 신의 계시를 받고 무너지기 직전의 프랑스 군을 지휘하면서 전쟁을 승리로 이끌어 프랑스를 구한 영웅으로 추앙받고 있다.

믿기 어려운 신비한 일들이 일어나고 결국 잔 다르크는 전쟁의 승리에도 불구하고 자신의 프랑스 왕권에 의해 사형 당하는 슬픈 이야기도 전해진다. 그러나 어떻게 어린 소녀가 이끄는 군대가 강한 적군을 이길 수 있었는가 하는 의문에는 하나님의 도우심이 있었기 때문이라는 것이 역사가들도 인정하는 사실이다.

하나님의 도우심은 불가능을 가능케 한다. 역사를 주관하고 계신 분이 바로 하나님이라는 생생한 증거라고 할 수 있다. 하나님이 역사를 주관하시고 그 목적대로 한 인물을 택해 이루어 나가신다. 택함 받은 사람은 하나님을 믿고 순종하면 역사를 크게 바꿀 수 있다.

구약 성경 사사기에 나타난 기드온(Gideon)의 전쟁 이야기다. 그들의 군대는 300명이었는데 수십만 적군을 섬멸하고 승리로 이

믿음
목표

끌었다고 한다. 이 구절은 성경을 이스라엘 무협지라고 폄하하는 사람들의 입에도 오르내릴 만하다. 그러나 구약성경은 역사적 사실이고 크롬웰과 잔 다르크도 역사적 사실이다. 하나님이 함께 하시는 전쟁이라면 아무리 강하고 많은 군대를 상대했더라도 이겼다는 것을 기억해 보자.

하나님이 함께 하시면 그가 주시는 능력 안에서 어떤 일도 할 수 있다고 믿어 보자. 나도 항상 하나님이 함께 하시니 무서울 것 없고 안 될 일 없고 겁낼 일 없다고 생각한다. 다만 그 확신이 얼마큼 있느냐가 신앙의 정도를 스스로 판단할 수 있는 기준이 된다.

나는 요즘 하나님이 나와 함께 하신다는 확신이 생기면서 회사 경영에 어려움이 닥쳐도 매우 긍정적인 태도를 갖고 있다. 하나님이 택하시고 그의 목적대로 쓰시기 위해 탤런트를 주셨으니, 당연히 믿고 순종하면 아무리 험난한 경영 환경에서라도 한번 도전해 볼 만하다는 자신감이 생긴다. 하나님과 나의 관계만 잘 유지된다면 말이다. 그러나 만약 나의 죄로 인해 하나님과 관계가 나빠지면 그것은 크게 걱정해야 할 문제가 된다.

하나님이 동행하신다면 우리는 세상에 나아가 누구를 만나도 당당해질 수 있지 않을까? 나는 예수 믿는 사람이며 자존심 상하게 거짓말을 하면서까지 비굴해질 필요가 없다. 그리고 두려워서 아첨할 필요도 없다. 약간 거만하다는 이야기를 들을 수는 있겠지만, 이 점만 주의하면 원만한 대인 관계를 유지하고 꾸밈없이 밝게 세상과 대면할 수 있지 않나 생각한다.

믿음 있는 크리스천은 누구에게나 어디서나 당당하고 담대하며, 거짓 없이 세상과 맞서 이길 수 있다고 생각한다. 또한 이 믿음이 있다면 자신이 나아가고자 하는 목표에 끈질기게 매달려 성취하라는 당부도 남기고 싶다.

당당하고 진실하면서 또 자기가 품은 비전과 목표는 양보하지 말고 성취하자. 이것이 열매를 맺는 크리스천이다.

하나님이 함께 하시는데 그 뜻도 높게 그리고 넓게 만들자. 그리고 장막의 끈도 길게 늘여 보자.

복덩이 이야기

내가 어렸을 때 이야기다.

옆집에 사는 신사분이, 막내아들을 낳자 지긋지긋하던 가난이 물러가고 사업이 잘 되어 부자가 되었다며 아들 자랑을 했었다.

그때 난 그 신사분의 아들 자랑이 좀 과하다고 생각했었다. 이런 이야기는 요즘에는 별로 듣기 힘든 이야기지만 옛날 어른들에게서는 자주 들을 수 있다. 며느리가 잘 들어와 집안이 잘 되었다는 이야기도 있다. 이런 이야기를 듣다 보면 정말 복덩이가 있나 하는 생각도 든다.

회사도 마찬가지다. 한 사람이 입사해서 부서의 능률을 몇 배로 올리는 경우가 많다. 반대로 한 사람이 들어와 부서 하나를 완전히 망치는 경우도 흔하다.

세상에는 좋은 인연으로 인해 서로가 다 잘 되는 경우가 많다. 우연히 만난 사람이 인생의 진로를 결정케 해주는 경우도 있다.

미국 교민들 사이에는 이런 이야기가 있다.

미국으로 처음 이민 오는 사람을 위해 누가 공항으로 마중을 나오느냐에 따라 이민자의 직업이 결정된다는 것이다. 마중 나온 사람의 직업이 곧 이민자의 직업이 된다고 한다. 여행사 직원이 마중 나오면 이민자는 여행사 가이드가 된다고 하고, 식당을 운영하는 친척이 마중 나오면 이민자도 결국 식당일을 직업으로 삼게 된다고 한다.

어떤 사람을 만나서 어떤 인연을 맺는가가 정말로 중요한 일이다. 그리고 이 중에는 자신에게 큰 행운을 가져다주는 사람이 있다. 바로 복덩이다.

어떤 젊은이가 아버지로부터 심한 마음의 상처를 받고 몇 년 동안을 고생했는데, 어느 여인을 만나 그 상처가 완전히 치유되고 이제는 목사님이 되어 목회를 잘 하고 있다고 한다. 그리고 아주 화목한 가정을 이끌어가고 있다고 한다. 그 여인이 그에게는 복덩이인 모양이다.

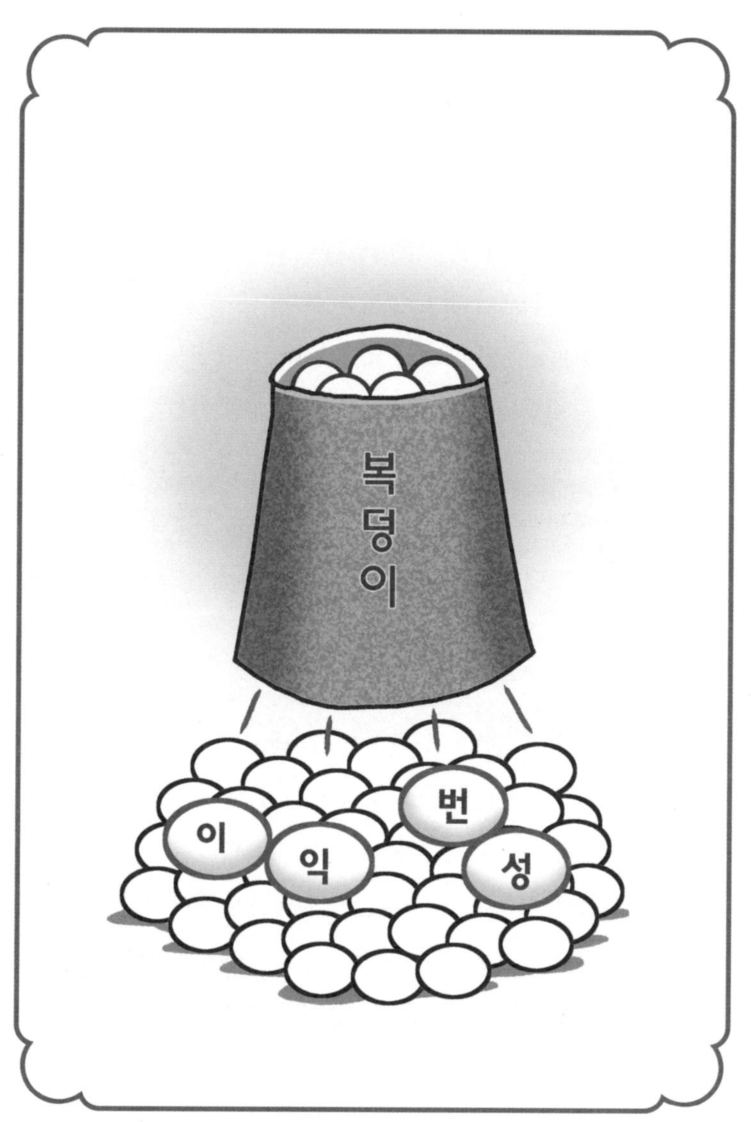
복덩이
이
익
번
성

또 어떤 병약한 부인이 있었는데 막내를 낳고는 그간 앓던 잔병이 완전히 치유되어 아주 건강하게 되었다고 자랑한다. 그리고 남편과 사이도 좋아졌다고 한다. 미신처럼 여겨지던 복덩이 이야기는 현실 속에서 많은 일화를 낳고 있다.

회사를 경영하다 보면 정말 고마운 복덩이들을 많이 만난다. 학벌이 좋거나 똑똑해서가 아니다. 다만 그가 근무하는 부서는 안정이 되고 직원들의 이직률도 아주 적다. 회사에 이익을 많이 주고 있는 것이다.

그러나 그 복덩이가 눈에 잘 띄지 않는 경우가 많다. 그래서 그 고마움을 모르고 대접도 잘 해주지 못한 채 세월이 흐르는 경우도 많다. 본인에게는 무척 미안한 경우다.

막상 그의 빈자리가 생기고 나서야 고마움이 느껴질 때가 많다. '있을 때 잘 해줄 걸' 하고 후회하는 경우도 있다. 그래서 이번 연봉 협상 때에는 그런 사람들을 찾아 보상을 했다. 그들의 마음은 흡족하지 않을 수 있으나 성의는 표시하려 노력했다.

이 복덩이를 성경은 어떻게 말씀하고 계신지 찾아보았다. 이 주제에 들어맞는 정확한 구절은 창세기의 요셉에게서 찾을 수 있었다. 요셉이 보디발의 종으로 들어갔을 때 하나님께서는 요셉을 보시고 보디발의 집에 큰 복을 주셨다고 적혀 있다.

요셉 때문에 보디발의 집은 번성했다. 회사도 하나님이 사랑하는 사람이 입사하면 하나님께서 그를 보시고 회사에 큰 복을 내려주실 것이다. "이 복덩이를 주시옵소서" 하고 기도해 본다. 하나님이 기뻐하시는 사람, 그 사람이 회사를 키우고 번성케 할 것이다.

슬기롭게 지는 법

오른쪽 뺨을 때리면 왼쪽 뺨을 내밀고, 5리를 같이 가자고 하면 10리를 동행하라는 말이 있다. 현대인에게는 정말 미련한 생각으로 받아들여질 것이다. 특히 사업을 하는 필자에게는 너무나 동떨어진 말로 들린다. 그러나 필자는 그 속에 깊은 진리가 있다는 것을 발견했다.

얼마 전 경쟁업체에서 단시일에 우리 회사의 직원 10여명을 스카우트해간 적이 있었다. 그 결과 우리 회사는 거래망이 붕괴되고 매출에 막대한 지장을 받고 말았다. 우리는 부당 스카우트에 대해 상대 회사를 검찰에 고발했다.

그런데 한 가지 문제가 생겼다. 이 일로 인해 직장을 옮겨간 전 직원들을 해고할 수 있다는 소식이 들려온 것이다. 그들의 실적이 부진하다는 등의 얘기도 따라 나왔다.

그래도 5년 이상 함께한 내 직원들인데, 한 번의 잘못된 판단으로 너무 심한 손해를 볼 것 같다는 생각이 들어 나는 새로운 결심을 했다. 이왕 옮겨간 회사이니 우리 직원들을 애초에 약속한 대로 대우해 주고 해고도 하지 않는다면 고소를 취하하겠다고 상대 회사에 통보한 것이다.

그러자 옮겨간 직원에 대한 노여움도, 상대회사에 대한 분노도 모두 사라졌다. 나는 아주 편안한 마음으로 숙면을 취할 수 있었다. 주변에서도 의외로 받아들이면서 다들 잘한 결정이라고 말했다.

바보스럽지만 슬기롭게 지는 것도 나쁘지 않다는 생각이 들었다. 매번 이기는 것만 생각하면 내 생각이 황폐해지고 마치 투사가 되는 것 같았는데 패하는 것을 배우니 이 또한 새로운 즐거움을 선사한다는 것을 알았다.

지는 것, 너그러움, 남을 배려하는 마음. 이러한 말들의 의미를 한 번 더 되새겨본다. 이제 그런 나이가 된 모양이다.

요즘 젊은 사람들의 직업윤리가 너무 빠르게 변하고 있다. 나이 든 나로서는 감당하기 힘들다. 그들은 조금 힘들거나 타사의 보수

슬기롭게
지는 법

216

가 조금만 높아도 마음이 흔들린다.

그동안 공들여 훈련시키고 정도 들었는데 회사를 떠난다고 할 경우 마음이 아프다. 그러나 40세 정도가 되면 주변의 생활수준이 높아져 현재의 봉급만으로 생활 유지가 어려운 사정도 이해가 간다.

우리 회사는 세계 40여 개국에 우리 브랜드로 의약품을 수출하고 있다. 그래서 외국의 근무 환경은 어떤지 유심히 살펴보고 있다.

우리 공장이 진출해 있는 베트남에서는 약사 봉급으로 30만원 정도를 주고 있다. 중국 필리핀 인도도 비슷한 수준이다. 우리나라 약사들은 그 10배인 300만원 정도를 받는다. 우리 회사의 미국 공장에서는 대졸 출신의 경우 월 250만원 정도를 준다.

얼마 전 프랑스의 경우를 알아보니 봉급은 미국과 비슷한데 세금이 50%라 실수령액은 오히려 적었다. 그래서 유럽에서 내 집 마련 시기는 40세 이후이고 자동차는 티코급 소형차량이 대부분이라고 한다.

우리의 근로조건과 소득에 대해 불평하는 젊은이들이 많지만 현재에 고마워할 줄도 알아야 한다는 생각을 해본다. 나는 70년대 초 첫 직장에서 월급 5만원부터 시작했다. 오늘을 감사하고 내일을 기다리는 꿈을 가진 젊은이들이 많아졌으면 좋겠다.

성경도 '범사에 감사하라' 고 가르친다. 감사하면 모든 것이 긍정적으로 변하고 좋은 쪽으로 생각되어 흐뭇해진다. 내가 살아 숨쉬고 있고 두 발로 땅을 딛고 건강하게 걸을 수 있으며 일할 수 있다는 것 이것만도 얼마나 감사한다. 진정한 감사는 모든 것을 변화시키는 또 다른 능력이라는 생각을 해본다.

희망의 끈을 찾아서

세속 문화가 교회로

어느 날 TV 다큐멘터리 〈내셔널 지오그래픽〉을 시청하다가 재미난 장면을 보았다.

인도의 주술사들이 기적을 행하는 장면, 그들이 사람 인형을 두고 저주하면 사람이 아프고 죽게 된다는 장면, 그들이 신적인 능력을 받는 장면을 그대로 방영하는 것을 보았다.

몇 사람이 모여서 춤을 추고 노래를 시작한다. 신나게 기도를 시작하더니 집단 성교를 한다. 그러면 '칼리'라는 신이 그들에게 접신하면서 영적 능력을 전수한다. 그렇게 되면 주술사들은 강력한 힘과 영적 능력을 보유하여 예언도 하고 신유도 행하는 것이다. 이 프로그램을 반신반의하면서 재미있게 보았다.

얼마 전 인도를 방문한 적이 있었다. 그때 힌두교 사원을 방문했는데, 빨간 꽃잎으로 제단을 장식하고 촛불을 켜놓고 계속 기도하는 모습이 특이했다.

올해 초에는 싱가포르의 사원에 방문했는데, 그곳에도 제단에 붉은 꽃잎이 있었고 촛불이 타고 있었다. 인도의 사원과 흡사했다. 제단에는 코끼리처럼 생긴 상이 버티고 서 있었다.

그런데 불과 며칠 전 대학부의 예배에 갔을 때였다. 마침 신입 회원 환영회를 하고 있었는데 대학부 문 앞에 붉은 꽃잎을 깔아 장식하고 촛불을 켜둔 것이 아닌가. 게다가 신입 회원의 명찰을 무당들이 쓰는 부적과 같은 디자인으로 만들어 놓은 것을 보았다.

신입 회원 환영식에서는 CCM, 즉 록과 메탈 리듬에 맞춘 하나님 찬양 노래를 불렀는데 리듬 악기 소리에 가사는 덮여 버렸고, 전자 기타와 오르간 소리가 마치 노래방이나 유흥업소의 소리와 같았다.

담당 목사님께 이 붉은 꽃잎은 무엇이냐고 물었다. 목사님은 도리어 '요즘 다 이렇게 하는데 왜 그러시느냐' 고 되묻는다. 이상한 소리나 하는 장로님으로 간주하는 눈치다. 그래서 더는 말을 하지 않았다. 교회에 세속 문화가 들어오고 세속 문화는 힌두교 불교 등에서 영향을 받아, 결국 한국에는 무속적인 문화가 너무나 보편

희망의 끈을 찾아서

화되었다. 특히 다신교 문화와 힌두교 등 무속 문화에서 영향을 많이 받은 일본 문화가 우리 사회에 들어와 한국 사회가 너무나도 쉽게 사탄 문화에 익숙해져 있는 것 같다는 생각이 들었다.

이 세속 사탄 문화가 교회 안으로까지 너무나 당연하고 쉽게 들어오고 있다. 아무 검증도 없이 무심코 들어온 세속 문화는 하나님의 교회를 타락시키고 있다.

과거 우리나라는 교회 문화가 사회 전반에 영향을 미쳐서 교회가 문화를 주도할 정도였다. 크리스마스, 부활절, 캐럴 등이 우리 생활 속에 살아있던 적도 있었다. 그러나 지금은 세속 문화가 교회로 들어오니 사회와 교회의 차이가 없어져 버렸다. 교회에서 영적 안정을 바라는 초신자들을 식상하게 하고, 급기야 신자 수가 급감하고 있다. 예수를 믿고자 하는 사람들은 세상 문화가 싫어서 교회로 왔는데 교회는 세상 문화와 다른 것을 제공해 줄 수 없게 됐다.

우리에게 기대하는 것은 경건한 기독 문화다. 경건한 기독 문화야말로 교회를 믿지 않는 사람들이 교회를 찾는 이유다. 경건함을 잃어버리고 시끄러운 세속 문화에 우리가 동화되어 버리면 무엇이 남게 되는지 생각해 보아야 한다. 그리스도가 떠난 교회는 어떻게 세상의 빛과 소금의 역할을 할 수 있겠는가 하는 생각이 든다.

예쁜 여사제들이 춤추고 노래하는 것은 그리스의 다신교 제사

희망의 끈을 찾아서

에서 반드시 있는 의식이다. 그리고 여사제들이 성매매를 통해 번 돈은 신전을 운영하는 자금으로 쓴다. 제사를 지낼 때 사용한 쇠고기들이 시장에 싸게 팔리는 것을 보고 사도 바울과 베드로가 한바탕 논쟁을 한 적이 있다고 성경은 기록하고 있다.

이방 종교의 의식이 한국 사회의 문화가 되고 있는 현상은 심각하다. 여호수아가 가나안 땅을 점령하고 이문화를 소멸키 위해 하나님의 어린 아이부터 짐승까지 모두 진멸하라는 명을 받고 시행했을 정도로 사악한 문화다. 하나님께서는 거룩한 주의 성도를 도덕적으로, 영적으로 보호하기 위해 이문화를 소멸하려 하셨다.

이렇게 하나님이 진노하시는 사탄 문화가 이 땅에 '점을 보는 것', '사탄을 숭배하는 노래' 등으로 교회에 슬며시 들어오고 있다면 정말 무서운 일이다. 특히 '점을 보는 것'은 하나님을 의지하지 않고 사탄을 의지하는 대표적인 예로, 하나님 이외의 신을 숭배하는 행위다. 하나님이 제일 싫어하시는 세속 문화이다.

우리 교인들도 이문화에 빠져있는 분들이 적지 않다. 점집에 찾아가는 사람의 반 이상이 기독교인이라는 통계는 정말 무서운 일이다.

세속 문화가 교회에 들어오지 않도록 주의하고 기도해야 된다. 악한 세속 문화를 통해 사탄의 역사가 교회에서 일어날 수 있다는 경계심을 늦추지 말자.